# 5

# VAMOS APRENDER

## HISTÓRIA

ANOS INICIAIS DO ENSINO FUNDAMENTAL

COMPONENTE CURRICULAR:
HISTÓRIA • 5º ANO

**Caroline Minorelli**

Bacharela e licenciada em História pela Universidade Estadual de Londrina (UEL-PR).
Especialista em História e Teorias da Arte: Modernidade e Pós-Modernidade pela UEL-PR.
Atuou como professora da rede pública no Ensino Fundamental e no Ensino Médio no estado do Paraná.
Autora de livros didáticos para o Ensino Fundamental.

**Charles Chiba**

Bacharel e licenciado em História pela UEL-PR.
Especialista em História Social e Ensino de História pela UEL-PR.
Professor de História da rede particular de ensino.
Autor de livros didáticos para o Ensino Fundamental.

São Paulo, 1ª edição, 2017

***Vamos aprender*** História 5
© Edições SM Ltda.
**Todos os direitos reservados**

| | |
|---|---|
| **Direção editorial** | M. Esther Nejm |
| **Gerência editorial** | Cláudia Carvalho Neves |
| **Gerência de *design* e produção** | André Monteiro |
| **Coordenação de *design*** | Gilciane Munhoz |
| **Coordenação de arte** | Melissa Steiner Rocha Antunes, Ulisses Pires |
| **Coordenação de iconografia** | Josiane Laurentino |
| **Coordenação de preparação e revisão** | Cláudia Rodrigues do Espírito Santo |
| **Suporte editorial** | Alzira Bertholim Meana |
| **Produção editorial** | Scriba Soluções Editoriais |
| **Supervisão de produção** | Priscilla Cornelsen Rosa |
| **Edição** | Alexandre de Paula Gomes |
| **Edição de imagem** | Bruno Benaduce Amancio |
| **Preparação de texto** | Gislaine Maria da Silva, Viviane Teixeira Mendes |
| **Revisão** | Francisco Éverton Silva |
| **Edição de arte** | Mary Vioto, Barbara Sarzi, Janaina Oliveira |
| **Pesquisa iconográfica** | André Silva Rodrigues, Soraya Pires Momi |
| **Tratamento de imagem** | José Vitor E. Costa |
| **Capa** | João Brito, Carla Almeida Freire |
| **Imagem de capa** | Fernando Volken Togni |
| **Projeto gráfico** | Marcela Pialarissi, Rogério C. Rocha |
| **Editoração eletrônica** | Renan Fonseca |
| **Fabricação** | Alexander Maeda |
| **Impressão** | Stilgraf |

*Em respeito ao meio ambiente, as folhas deste livro foram produzidas com fibras obtidas de árvores de florestas plantadas, com origem certificada.*

Dados Internacionais de Catalogação na Publicação (CIP)
(Câmara Brasileira do Livro, SP, Brasil)

Minorelli, Caroline Torres
Vamos aprender história, 5º ano : ensino
    fundamental, anos iniciais / Caroline Torres
    Minorelli, Charles Hokiti Fukushigue Chiba. –
    1. ed. – São Paulo : Edições SM, 2017.

Suplementado pelo manual do professor.
Bibliografia.

ISBN 978-85-418-1978-7 (aluno)
ISBN 978-85-418-1979-4 (professor)

1. História (Ensino fundamental) I. Chiba,
Charles Hokiti Fukushigue. II. Título.

17-11076                                           CDD-372.89

Índices para catálogo sistemático:
1. História : Ensino fundamental 372.89

1ª edição, 2017
3ª impressão 2019

**Edições SM Ltda.**
Rua Tenente Lycurgo Lopes da Cruz, 55
Água Branca  05036-120  São Paulo  SP  Brasil
Tel. 11 2111-7400
edicoessm@grupo-sm.com
www.edicoessm.com.br

# APRESENTAÇÃO

Caro aluno, cara aluna,

Tudo o que existe ao nosso redor tem história: os objetos, as construções, as máquinas, os costumes, os hábitos cotidianos, o trabalho e, também, a vida das pessoas.

Para ajudar a compreender como nos tornamos o que somos e por que as coisas são como são, existe a disciplina de história. Por meio dela, podemos recorrer ao passado para saber de que maneiras as pessoas agiam, como realizavam seus trabalhos, e muito mais.

Portanto, este livro foi feito para ajudar você a estudar história. Nele, há diferentes tipos de textos, imagens, atividades e outros recursos interessantes para investigar e descobrir muitas informações sobre o passado. Ao estudar com este livro, você também vai perceber que a nossa vida, no tempo presente, é fruto das ações de pessoas que viveram no passado.

Bom ano e bons estudos!

# SUMÁRIO

**UNIDADE 1**

## A formação das primeiras sociedades humanas .................... 8

**A história antes da escrita** ........................ 10

História e pré-história ........................... 10

A revolução agrícola ........................... 12

A formação das primeiras cidades ........................... 13

Pratique e aprenda ........................... 14

Aprenda mais! ........................... 15

**As primeiras civilizações** ........................... 16

Os rios e as civilizações antigas ........................... 18

Pratique e aprenda ........................... 20

Para fazer juntos! ........................... 22

Aprenda mais! ........................... 22

**Cultura e religiosidade** ........................... 23

O surgimento da escrita ........................... 24

**A religiosidade dos povos antigos** ........................... 26

Os deuses egípcios ........................... 26

A mitologia grega ........................... 27

A religiosidade romana ........................... 27

**Comércio e trocas culturais entre os povos** ........................... 28

A Rota da Seda ........................... 28

As rota transaarianas ........................... 29

Aprenda mais! ........................... 30

Pratique e aprenda ........................... 31

Divirta-se e aprenda
Mensagem enigmática ........................... 33

**Patrimônio cultural da humanidade** ........................... 34

Patrimônios culturais da humanidade no Brasil ........................... 35

Por dentro do tema
Patrimônio natural da humanidade ........................... 37

Pratique e aprenda ........................... 40

Aprenda mais! ........................... 43

**UNIDADE**

**2** **As sociedades se transformam .......... 44**

**A Idade Média na Europa** ...................... 46

Por que Idade Média? ........................ 47

A sociedade medieval ........................ 47

Festas e religiosidade ........................ 48

A transição para a modernidade na Europa ....................................... 49

A economia no período moderno ........................ 50

Pratique e aprenda ........................ 51

**Em busca de riquezas** ...................... 52

A viagem de Cabral ........................ 52

A exploração do território ........................ 54

Por dentro do tema
A qualidade da água ........................ 55

Pratique e aprenda ........................ 56

**Os povos da América** ...................... 58

Os incas ........................ 59

Os maias ........................ 61

Os astecas ........................ 63

Pratique e aprenda ........................ 65

Aprenda mais! ........................ 67

Os povos indígenas no Brasil ........................ 68

Ser indígena atualmente no Brasil ........................ 72

Divirta-se e aprenda
Diferentes formas de ver o mundo ........................ 73

Pratique e aprenda ........................ 74

Aprenda mais! ........................ 75

**Os africanos antes da chegada dos europeus** ........................ 76

A escravidão tradicional na África ........................ 78

Aprenda mais! ........................ 79

Pratique e aprenda ........................ 80

Para fazer juntos! ........................ 81

Sociedades africanas ........................ 82

Pratique e aprenda ........................ 84

Para fazer juntos! ........................ 85

# UNIDADE 3

## A formação do povo brasileiro ....... 86

A necessidade de colonizar ............ 88

A ocupação do território ............... 89

Quem eram os colonizadores? ............... 90

Pratique e aprenda ............... 91

Aprenda mais! ............... 92

Divirta-se e aprenda
Quem sou eu? ............... 93

A administração colonial ............... 94

Dom João III ............... 94

O governo-geral ............... 96

Pratique e aprenda ............... 98

As estratégias de dominação ............... 100

A escravização ............... 100

A catequização ............... 101

Pratique e aprenda ............... 103

Lutar e resistir ............... 105

Os povos indígenas e a Constituição de 1988 ............... 107

Fazendo história
Sônia Guajajara ............... 107

Pratique e aprenda ............... 108

Aprenda mais! ............... 109

A economia colonial e o trabalho escravo ............... 110

A escravização de indígenas ............... 111

Africanos escravizados no Brasil ............... 111

O relato de um africano escravizado ............... 112

Pratique e aprenda ............... 114

O trabalho nos engenhos ............... 116

O engenho ............... 117

Pratique e aprenda ............... 119

A expansão do território colonial ............... 120

O trabalho escravo nas minas ............... 121

O tropeirismo e a integração do território ............... 121

Pratique e aprenda ............... 122

A resistência à escravidão ............... 123

Pratique e aprenda ............... 124

Investigue e aprenda
Trabalho forçado ............... 125

De Colônia a Império ............... 126

O Primeiro Reinado ............... 127

A sociedade no Brasil independente ............... 127

O Segundo Reinado ............... 128

Pratique e aprenda ............... 129

A chegada dos imigrantes ............... 130

Enquanto isso no Brasil... ............... 130

A viagem para a América ............... 131

O trabalho nas fazendas de café ............... 132

O trabalho dos imigrantes nas cidades ............... 133

Por dentro do tema
A cultura dos imigrantes na atualidade ............... 134

O trabalho nas fábricas ......... 136

Os sindicatos ............... 136

Pratique e aprenda ............... 137

## UNIDADE 4

## Cidadania, cultura e diversidade .........138

**Afinal, qual é o meu papel na sociedade?**......................140

Ser cidadão ....................................141

Cidadania no Brasil: lutas, conquistas e transformações........142

Pratique e aprenda ....................143

**O movimento abolicionista** ......144

As leis e a abolição gradual ...................144

Fazendo história
Maria Firmina dos Reis..................145

**O fim da escravidão no Brasil** ....................................146

Os ex-escravizados após a abolição .............................147

Pratique e aprenda.....................148

Investigue e aprenda
A vida em comunidade ......................149

**A crise gradativa da monarquia** ...............................150

A insatisfação do Exército...............150

O republicanismo.............................151

A proclamação da República..........151

**Os primeiros anos da República** ...............................152

A primeira Constituição republicana ....................................152

As disputas pelo poder .....................153

As reações ao governo militar .....153

**A República das oligarquias**....154

A "política dos governadores".......154

Pratique e aprenda.....................156

**As reformas urbanas no Rio de Janeiro**............................158

A Revolta da Vacina .........................159

Pratique e aprenda.....................160

**A crise do sistema oligárquico**...............................162

Getúlio Vargas assume a presidência...................164

**O Estado Novo**............................165

Pratique e aprenda ....................166

Vargas volta ao poder pelo voto..167

O populismo.....................................168

**Os anos JK**...................................169

O projeto desenvolvimentista.....................169

Por dentro do tema
Os candangos..................................171

Pratique e aprenda ....................172

Aprenda mais!..............................172

**Os militares no poder** .............173

Os antecedentes do golpe militar...................................173

**A censura e a repressão**.........175

Os Atos Institucionais....................176

Pratique e aprenda ....................177

A resistência à ditadura...................178

Abertura "lenta, gradual e segura".......................................180

O fim da ditadura militar..................181

Pratique e aprenda ....................182

**A Constituição de 1988**.............183

Para fazer juntos!.......................184

**O retorno das eleições diretas**.........................................185

**O Brasil atual e os desafios para o futuro**................187

Movimentos sociais .......................188

Pratique e aprenda ....................189

Aprenda mais!..............................191

**Bibliografia**...............................192

## Conheça os ícones

 Responda à atividade oralmente.

 Escreva a resposta no caderno.

# A formação das primeiras sociedades humanas

Foto de reprodução de pintura rupestre presente na caverna de Altamira, na Espanha, em 2017.

## Ponto de partida

1. Descreva a imagem retratada na foto.

2. Você consegue identificar o período histórico em que foram produzidos os desenhos retratados na foto? Explique sua resposta para os colegas.

3. Em sua opinião, como era o modo de vida das pessoas nessa época? Conte para os colegas.

# A história antes da escrita

A história dos seres humanos é muito antiga. Os primeiros grupos humanos viviam no período que depois ficou conhecido como pré-história. Você sabe o que significa essa expressão?

## História e pré-história

O termo "pré" significa anterior a algo ou a alguma coisa. Assim, pré-história corresponde ao período "antes da história". Esse termo foi criado no século 19 por estudiosos europeus.

Naquela época, eles pensavam que os povos que não tinham um sistema de escrita não tinham história, pois, para esses estudiosos, somente por meio da análise de registros escritos era possível conhecer a história de um povo.

### As tradições orais

Ao longo da história da humanidade, em diferentes lugares do mundo, diversos povos transmitiram seus conhecimentos e sua cultura por meio da oralidade, ou seja, suas tradições eram transmitidas de geração para geração por meio da fala.

Atualmente, sabemos que a escrita não é a única fonte de informações sobre o passado. Para estudar a história de povos que não tinham um sistema de escrita, os historiadores utilizam diversas fontes, como os objetos de uso cotidiano da época e as pinturas rupestres.

Ricardo Azoury/Pulsar Imagens

A pintura nas rochas foi um dos meios que os primeiros grupos humanos usaram para se expressar. Chamamos essas representações de **pinturas rupestres**.

Foto de pintura rupestre no Parque Nacional da Serra da Capivara, município de São Raimundo Nonato, Piauí, 2015.

# O Paleolítico e o Neolítico

Vimos que o período histórico conhecido como pré-história foi pensado de acordo com estudiosos do século 19. Assim, foi criada uma **cronologia**, que indica o início e o fim desse período.

De acordo com essa cronologia, o longo período da história que antecede a criação da escrita costuma ser subdividido em dois períodos.

- Paleolítico: período mais antigo, e que significa "pedra antiga". Teve início com o surgimento dos primeiros seres humanos, há cerca de 2,5 milhões de anos.

- Neolítico: período menos antigo, que significa "pedra nova". Começou quando seres humanos passaram a praticar a agricultura, há aproximadamente 12 mil anos.

Observe como esses períodos foram representados na linha do tempo a seguir.

**Paleolítico**

(de 2,5 milhões a 12 mil anos atrás)
Nesse longo período, os grupos humanos praticavam a caça e a coleta e desenvolveram muitas técnicas para sua alimentação e para a construção de instrumentos e moradias.

**Neolítico**

(de 12 mil anos a 5,5 mil anos atrás)
Com o passar do tempo, alguns grupos dominaram técnicas de agricultura e de criação de animais, dando início a um novo período, o Neolítico.

## O domínio do fogo

O domínio do fogo foi muito importante para nossos ancestrais e também para o desenvolvimento da humanidade. Ao aprenderem a técnica de produção de fogo, nossos ancestrais puderam usar fogueiras para se aquecer, para assar alimentos e para afastar os animais que os ameaçavam.

# A revolução agrícola

O período Neolítico é marcado pelo domínio de técnicas agrícolas. Os grupos humanos que passaram a praticar a agricultura não precisavam mais se deslocar tanto em busca de alimentos. Assim, muitos povos adotaram moradias fixas, ou seja, tornaram-se sedentários.

Aos poucos, os seres humanos passaram a se organizar em pequenas aldeias. Nelas, podiam se dedicar à agricultura e à criação de animais.

Museu do Louvre, Paris (França). Fotografia: Christian Larrieu/Bridgeman Images/Easypix

Foto de instrumentos utilizados na agricultura há cerca de 6 500 anos. Acervo do Museu do Louvre, Paris, França.

Ao mesmo tempo, eles começaram a produzir instrumentos mais fortes e resistentes, como foices, machados e enxadas. Isso possibilitou aumento na produção de alimentos. Assim, com o tempo, esses grupos humanos desenvolveram novas técnicas agrícolas, como a adubação das terras para o cultivo de plantações, a irrigação do solo e o uso de arado puxado por animais.

Jannarong/Shutterstock.com/ID/BR

Na pré-história, os seres humanos passaram a domesticar animais, ou seja, a criá-los para uso próprio e para determinadas funções. Acredita-se que o cachorro tenha sido o primeiro animal a ser domesticado.

Pintura rupestre de cerca de 4000 anos que representa a relação entre humanos e cachorro, na Tailândia.

arado: instrumento utilizado para arar, remexer ou misturar a terra

# A formação das primeiras cidades

Com o passar do tempo, no período Neolítico, muitas aldeias cresceram e se desenvolveram, dando origem às primeiras cidades. Uma das mais antigas de que se tem conhecimento é Çatal Huyuk, localizada na atual Turquia. Baseados em estudos arqueológicos, historiadores, arqueólogos e outros pesquisadores afirmam que ela foi formada há cerca de 9 mil anos. Veja a seguir uma representação da cidade de Çatal Huyuk.

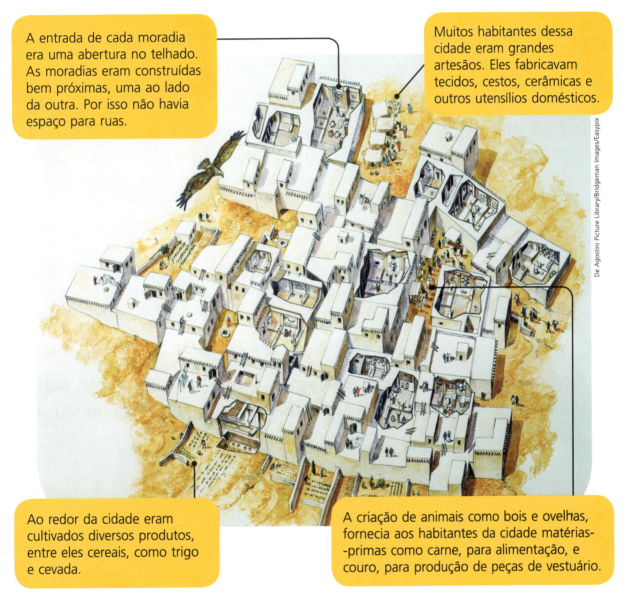

A entrada de cada moradia era uma abertura no telhado. As moradias eram construídas bem próximas, uma ao lado da outra. Por isso não havia espaço para ruas.

Muitos habitantes dessa cidade eram grandes artesãos. Eles fabricavam tecidos, cestos, cerâmicas e outros utensílios domésticos.

Ao redor da cidade eram cultivados diversos produtos, entre eles cereais, como trigo e cevada.

A criação de animais como bois e ovelhas, fornecia aos habitantes da cidade matérias-primas como carne, para alimentação, e couro, para produção de peças de vestuário.

De Agostini Picture Library/Bridgeman Images/Easypix

Uma das principais características de uma cidade é que a maioria de seus habitantes não tenha como função a produção de alimentos. Desse modo, as pessoas podiam se dedicar a outras atividades, como artesanato, guerra, religiosidade, administração e governo. Com o passar do tempo, formaram-se diferentes grupos e camadas sociais.

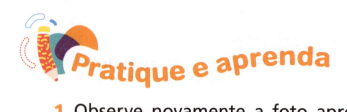

## Pratique e aprenda

1. Observe novamente a foto apresentada na página **10**. Depois, responda às questões a seguir.

   **a.** Descreva a cena representada na pintura.

   _____

   _____

   _____

   _____

   **b.** Podemos afirmar que os povos que viviam antes da escrita não tinham história? Utilize a imagem da pintura rupestre para justificar sua resposta.

   _____

   _____

   _____

   _____

   _____

2. Escreva um pequeno texto explicando o que foi a revolução agrícola. Utilize as palavras abaixo. Não se esqueça de dar um título ao seu texto.

   > **Neolítico ▪ agricultura**
   > **plantações ▪ sedentários ▪ arado**

   _____

   _____

   _____

   _____

   _____

   _____

**3.** Agora, faça um desenho para ilustrar o seu texto. Depois, compare o seu desenho com o dos colegas e conversem sobre as semelhanças e as diferenças entre eles.

### Aprenda mais!

*Piteco Ingá* é uma história em quadrinhos que traz uma releitura do personagem Piteco, criado originalmente por Mauricio de Sousa. Piteco é conhecido por suas aventuras pré-históricas. Nessa edição, ele e o seu povo sofrem por causa da seca do rio. Acompanhe qual foi a solução para o problema da falta de água que Piteco e seu povo encontraram!

*Piteco Ingá*, de Shiko. São Paulo: Mauricio de Sousa Editora, 2013.

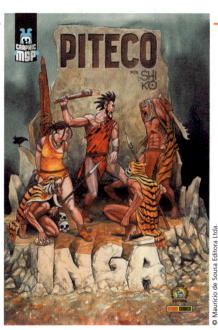

© Mauricio de Sousa Editora Ltda.

# As primeiras civilizações

Ao longo do tempo, as cidades passaram por várias mudanças. Em diferentes épocas e lugares do mundo, formaram-se as primeiras civilizações da humanidade. A religiosidade, a divisão do trabalho e a organização do governo foram algumas das características que marcaram o desenvolvimento dessas civilizações.

Muitas civilizações antigas, como as da Mesopotâmia e do norte da África, desenvolveram-se próximo a grandes rios e seus afluentes. Era dos rios que a população podia obter água para consumo próprio e para utilizar na agricultura e na criação de animais, por exemplo. Além disso, os rios forneciam alimentos, como peixes, e eram utilizados para a navegação.

## Sistemas de irrigação

Para aproveitar melhor os recursos hídricos das regiões ocupadas, algumas civilizações, como a egípcia, desenvolveram diferentes sistemas de irrigação.

Os sistemas de irrigação possibilitavam o controle dos recursos hídricos da região. Por meio da construção de canais, por exemplo, era possível desviar as águas das cheias dos rios para regiões mais secas, aumentando as áreas férteis para o cultivo de alimentos. Já os reservatórios eram utilizados para armazenar a água em épocas de escassez.

O domínio dessas técnicas contribuiu para o aumento da produção de alimentos. Ao longo dos anos, parte da produção que não era consumida pela população, ou seja, os excedentes agrícolas, passou a ser comercializada nas cidades e entre diferentes povos.

Ilustração representando sistema de irrigação no Antigo Egito.

Rivaldo Barboza

# Os rios e as civilizações antigas

Observe o mapa a seguir e veja algumas civilizações antigas que se formaram às margens de grandes rios, em diferentes épocas e lugares.

## Egito

Os primeiros grupos humanos chegaram à região onde se formou o Egito atual, no vale do **rio Nilo**, há cerca de 7 mil anos.

O rio Nilo também foi muito importante para o desenvolvimento da civilização egípcia, tanto que eles o consideravam uma "dádiva dos deuses". Depois das cheias, quando as águas do rio baixavam, as terras ao redor ficavam com uma camada de nutrientes denominados húmus, que favoreciam a fertilização do solo e o desenvolvimento da agricultura.

## Mesopotâmia

A Mesopotâmia é uma região localizada no atual Oriente Médio. A palavra "mesopotâmia" significa "terra entre rios". Assim, a região recebeu esse nome por causa de sua localização, entre os **rios Tigre** e **Eufrates**.

Periodicamente, as cheias dos rios Tigre e Eufrates fertilizavam o solo da região, o que favorecia o seu uso para a agricultura.

Por isso, a Mesopotâmia foi disputada por diversos povos ao longo da história. Um dos primeiros povos a se fixar na região foram os sumérios, há mais de 5 mil anos. Depois, outros povos ocuparam a Mesopotâmia, como os acádios, os babilônios e os assírios.

Mar Negro

ANATÓLIA

Çatal Huyuk

Rio Tigre

Mar Mediterrâneo

Ebla

Mari

MESOPOTÂMIA

Jericó

Kish

Uruc

Susa

IRÃ

Nipur

Gizé

Mênfis

Ur

Eridu

Sacara

Rio Indo

Mundigak

Harapa

Mehrgarh

Mohenjo-Daro

Tebas

Mar Vermelho

ARÁBIA

Lothal

Assuã

EGITO

Rio Nilo

ÍNDIA

OCEANO ÍNDICO

## Índia

As primeiras civilizações da Índia originaram-se no vale do **rio Indo**, na Ásia. A civilização mais antiga de que se tem conhecimento é a harappiana, que começou a se desenvolver há aproximadamente 5 300 anos.

Além da importância para a agricultura, vestígios arqueológicos das cidades da civilização harappiana indicam que as águas dos rios também eram utilizadas em rituais religiosos.

Banhar-se em templos ou nas águas de rios, como o **Ganges**, faz parte de rituais religiosos de muitos indianos até hoje.

## China

A ocupação do território que hoje faz parte da China começou há milhares de anos. Há cerca de 6 mil anos, já haviam diversos povoados formados no vale do **rio Amarelo** (Huang-Ho), no norte da China.

Nessa época, a principal ocupação da população era o cultivo do solo. Também desenvolveram técnicas de produção do bronze, metal utilizado para fazer armas.

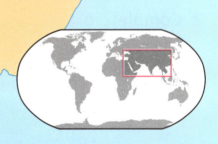

Rio Hoang-Ho (Amarelo)

Taixiun

Cheng-ziyai

Sufutun

Anyang

Erlitou

Tseng-tsou

Pan-lou-cheng

Rio Yang Tse-Kiang (Azul)

Golfo de Bengala

OCEANO PACÍFICO

Trópico de Câncer

Keithy Mostachi

N
NO — NE
O — L
SO — SE
S

0    340 km

Fonte de pesquisa: *A aurora da humanidade*. Rio de Janeiro: Time-Life/Abril Livros, 1993. p. 22-23 (Coleção História em Revista).

**1.** Escreva **V** nas informações verdadeiras e **F** nas falsas sobre a formação e o desenvolvimento das primeiras civilizações.

| | |
|---|---|
| | As primeiras civilizações formaram-se durante o período Paleolítico, em regiões localizadas no atual continente europeu. |
| | A formação das primeiras cidades marcou o desenvolvimento das primeiras civilizações. |
| | A proximidade de grandes rios foi um fator muito importante para a formação das antigas civilizações. |
| | Por meio de inovações como sistemas de irrigação, foi possível aproveitar ainda mais os recursos hídricos das regiões ocupadas. |
| | Mesmo com as inovações técnicas na agricultura, não foi possível produzir alimentos suficientes para a população. |

**2.** Complete o texto sobre os sistemas de irrigação das primeiras civilizações utilizando as palavras abaixo.

> rios ▪ agricultura ▪ Mesopotâmia
> irrigação ▪ canais ▪ animais ▪ África

Muitas das civilizações antigas se desenvolveram às margens de grandes _____, como o Nilo, na _____, e o Tigre e o Eufrates, na _____.

As águas dos rios eram utilizadas na _____ e na criação de _____, e também serviam como vias de navegação.

Na época, os sistemas de _____ possibilitaram o maior controle das águas. A construção de diques e de _____, por exemplo, foi uma inovação técnica que favoreceu o aumento da produção agrícola.

**3.** Relacione os antigos povos (coluna da esquerda) aos rios (coluna da direita) que contribuíram para o seu desenvolvimento.

**A** Egípcios          ◯ **Tigre e Eufrates**

**B** Mesopotâmicos     ◯ **Rio Amarelo**

**C** Indianos          ◯ **Nilo**

**D** Chineses          ◯ **Indo**

**4.** Observe a foto abaixo. Depois, responda às questões.

AJP/Shutterstock.com/ID/BR

Para muitos indianos, a água tem um importante papel de purificação. Esta foto retrata pessoas durante um banho ritualístico no município de Varanasi, na Índia, em 2016.

**a.** Qual era a principal finalidade dos banhos para a antiga civilização indiana?

_____

**b.** Esse costume desapareceu ou ainda se mantém na Índia? Como você chegou a essa conclusão?

_____

_____

**c.** Você conhece outra religião que utiliza a água em algum tipo de ritual? Qual? Converse com os colegas.

## Para fazer juntos!

Atualmente, a irrigação é fundamental para garantir a produtividade agrícola. Você sabe como é utilizada a irrigação pelos produtores brasileiros? Em grupo, façam uma pesquisa sobre os sistemas de irrigação utilizados no estado em que vocês vivem. Busquem investigar em *sites*, livros e, se possível, por meio de entrevistas com familiares ou trabalhadores da área. Utilizem as seguintes questões como roteiro:

1. Quais são as técnicas de irrigação mais utilizadas pelos grandes agricultores no estado onde você mora? E pelos pequenos agricultores? (Procurem identificar as diferenças entre as técnicas, se possível.)

2. As técnicas de irrigação utilizadas podem causar algum impacto negativo no ambiente? Por quê? (Busquem identificar as origens dos possíveis problemas.)

3. Quais atitudes os agricultores praticam ou devem praticar para tentar diminuir esses impactos?

Por fim, utilizem as informações coletadas e promovam um debate com os colegas e com o professor sobre o tema.

## Aprenda mais!

No livro *Contos indianos*, você vai encontrar oito contos de regiões diferentes da Índia. Esses contos foram transmitidos pela sociedade indiana de forma oral ao longo do tempo. Reunidos nessa obra, eles demonstram a diversidade cultural dessa civilização.

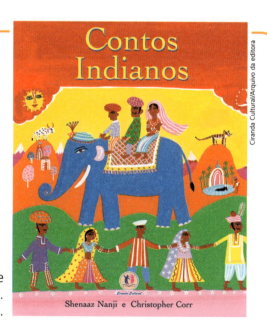

Ciranda Cultural/Arquivo da editora

*Contos Indianos*, de Christopher Corr e Shenaaz Nanji. Trad. Filomena Devechi. São Paulo: Ciranda Cultural, 2010.

# Cultura e religiosidade

As civilizações antigas apresentavam uma grande diversidade cultural. Um dos principais traços que essas civilizações tinham em comum era a importância atribuída à **oralidade**. Vimos, na página **10**, como a tradição oral foi importante para as antigas sociedades. Na verdade, a oralidade continua fazendo parte da cultura de muitas sociedades atuais.

Para essas sociedades, sejam elas antigas ou atuais, a memória é o principal recurso das pessoas para preservar e transmitir o conhecimento para as gerações futuras. Assim, por meio de contos, cantigas, poesias e lendas, por exemplo, a história e as tradições de diferentes povos são transmitidas oralmente de geração para geração.

## Que curioso!

### Os griôs e as fontes orais

Em muitas sociedades africanas, as histórias eram transmitidas por pessoas específicas, chamadas griôs. Preservando e transmitindo a história e a cultura de seu povo, os griôs ajudavam no processo de formação da identidade e dos valores de uma sociedade. Atualmente, eles continuam exercendo importante papel em diversas sociedades.

Por meio da atuação dos griôs, podemos conhecer melhor a história, os costumes e as principais tradições de alguns povos africanos. Assim, a tradição oral representa uma importante fonte histórica dessas civilizações.

commerceandculturestock/Getty Images

Foto de jovem griô, no município de Bamaco, no Mali, em 2016.

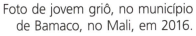

**1.** Você gosta de ouvir histórias contadas oralmente? Por quê?

**2.** Conte aos colegas qual foi a última história que você ouviu.

# O surgimento da escrita

Ao longo dos anos, diversas civilizações desenvolveram diferentes formas de escrita. Além de aprimorar a comunicação, a escrita foi importante para registrar informações como estoques de mercadorias, pagamentos, cobranças de impostos, leis, entre outras. Observe.

Pintura rupestre localizada em sítio arqueológico na Argélia, África. Foto de 1982.

## Sinais pictográficos

Os registros mais antigos que foram encontrados mostram desenhos feitos em formato de figuras que representavam aquilo que existia na natureza. Era a **escrita com sinais pictográficos**, em que o desenho significava diretamente aquilo que as pessoas queriam dizer.

## Sinais ideográficos

Ao longo dos anos, porém, os desenhos ficaram mais estilizados. Os sinais passaram a representar ideias e sentimentos. Quando se desenhava um Sol, por exemplo, muitas vezes a intenção era representar a luz ou o período de um dia. Surgia então a **escrita com sinais ideográficos**.

Tabuleta de argila com escrita de sinais ideográficos, do acervo do Museu do Louvre, em Lens, França. Foto de 2016.

## Sinais fonéticos

Como a quantidade de símbolos se tornou cada vez maior, alguns sistemas de escrita passaram a incorporar sinais que representassem o som das palavras. Assim, surgiu a **escrita com sinais fonéticos**, em que as palavras são formadas pela combinação de sinais que representam sons e não os objetos em si.

Inscrição fenícia produzida no século 1 a.C. Acervo do Museu da Civilização Romana, em Roma, Itália. Foto de 2016.

Fedor Selivanov/Shutterstock.com/ID/BR

## A escrita hieroglífica

Uma das mais conhecidas escritas egípcias é a hieroglífica, também chamada de "escrita dos deuses". Ela era formada por sinais ideográficos que podiam representar objetos ou sons.

Hieróglifos no muro do Templo de Karnak, em Luxor, Egito. Foto de 2014.

## O alfabeto fenício

O alfabeto foi uma das principais inovações dos fenícios. Esse sistema de escrita foi criado há aproximadamente 2 800 anos. Nele, cada letra representa um som, por isso ele é chamado de alfabeto fonético.

Museu do Louvre, Paris (França). Fotografia: Bridgeman Images/Easypix

Detalhe de inscrições fenícias. Acervo do Museu do Louvre, em Paris, França. Foto de 2016.

kwanisik/iStock/Getty Images

## Os alfabetos grego e latino

Os alfabetos grego e latino foram originados dos sinais fonéticos dos fenícios. Os gregos adicionaram as letras que hoje conhecemos como vogais e os romanos alteraram o formato de alguns sinais, tornando-os mais parecidos com os que usamos hoje.

Escritura em ruínas de mármore na antiga cidade histórica de Éfeso, em Izmir, Turquia. Foto de 2014.

💬 **1.** A escrita que utilizamos atualmente pertence a qual dos tipos citados? Como você chegou a essa conclusão? Converse com os colegas.

# A religiosidade dos povos antigos

Como vimos anteriormente, a formação de uma religiosidade foi uma das características das primeiras civilizações. Vamos conhecer mais sobre a religiosidade de alguns povos antigos, entre eles os egípcios, os gregos e os romanos.

## Os deuses egípcios

Os antigos egípcios eram politeístas, ou seja, acreditavam em várias divindades. A religiosidade estava presente em diversos aspectos da vida da população, influenciando o cotidiano e a forma como eles percebiam os fenômenos naturais.

Para os egípcios, adorar os deuses e cumprir os princípios religiosos eram maneiras de manter o equilíbrio do mundo. Os deuses eram representados com características que combinavam partes do corpo humano com partes do corpo de animais. Cada um deles representava um elemento importante para a sociedade. Conheça abaixo alguns deuses.

Ilustrações: Rivaldo Barboza

Hórus era considerado o deus dos céus e seus olhos representavam o Sol e a Lua. É representado com corpo de humano e cabeça de falcão.

Seti era o deus da tempestade, do deserto e da guerra. É representado com aparência de um animal semelhante a um cachorro.

A deusa Bastet estava ligada à fertilidade e à abundância. Sua imagem é representada sob a forma de gato, animal que para os egípcios traz boa sorte.

# A mitologia grega

Assim como a antiga civilização egípcia, os antigos gregos também eram politeístas e acreditavam em deuses imortais. Além deles, havia criaturas mitológicas, como centauros, ciclopes, sereias, entre outros. Os gregos também cultuavam heróis, que eram semideuses, ou seja, filhos de um deus ou de uma deusa com um ser humano.

De acordo com a crença dos antigos gregos, os deuses tinham aparência e emoções humanas. Os principais deuses habitavam o monte Olimpo, a montanha mais alta da Grécia. No Olimpo, também viviam as musas, divindades inspiradoras das artes e das ciências. Entre os deuses estavam Zeus, o deus principal; Hera, esposa de Zeus e deusa do casamento; Atena, deusa da sabedoria; Deméter, deusa da fertilidade; Ares, deus da guerra; Dionísio, deus do vinho e do teatro; Apolo, deus da música; Poseidon, deus dos mares; e Afrodite, deusa do amor.

stoyanh/Shutterstock.com/ID/BR

Foto de escultura da deusa Atena, no município de Atenas, Grécia, em 2016.

# A religiosidade romana

Os antigos romanos tiveram sua religiosidade influenciada por diferentes povos, principalmente os gregos.

Muitos dos deuses gregos foram adotados pelos romanos com nomes diferentes, mas mantendo os seus atributos. Por exemplo, Zeus, o principal deus grego, passou a ser chamado de Júpiter; Afrodite recebeu o nome de Vênus; Atena foi chamada de Minerva; Dionísio recebeu o nome de Baco; e assim por diante.

Reidl/Shutterstock.com/ID/BR

Foto de antiga escultura da deusa Vênus, exposta no Museu do Louvre, Paris, França, em 2015.

# Comércio e trocas culturais entre os povos

Grande parte da cultura das civilizações antigas foi influenciada pelo contato que diferentes povos estabeleceram entre si ao longo do tempo. As trocas comerciais, por exemplo, favoreceram o intercâmbio cultural entre diversos povos. Muitas das trocas comerciais eram realizadas por meio de rotas, terrestres ou marítimas. Vamos conhecer algumas delas.

## A Rota da Seda

A Rota da Seda foi uma rota comercial formada há milhares de anos a partir de diversos caminhos entre o Oriente e o Ocidente. Ela recebeu esse nome por causa do principal e mais cobiçado produto chinês na época, a seda. Porém, outras mercadorias também eram transportadas, como ouro, canela, vinho e alimentos considerados exóticos pelos europeus, como romã e gergelim. As viagens eram realizadas em grandes caravanas que cruzavam caminhos entre montanhas e desertos. Veja o mapa.

### Rota da Seda (cerca do ano 100)

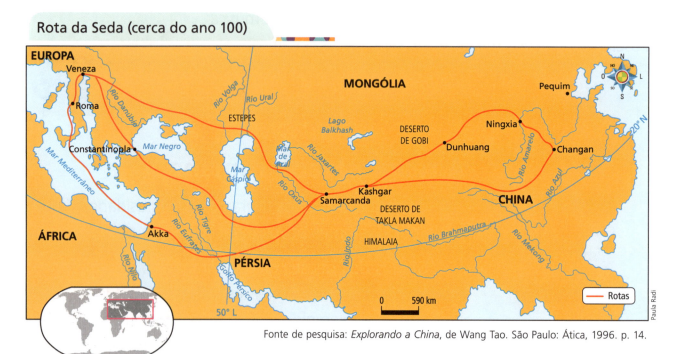

Fonte de pesquisa: *Explorando a China*, de Wang Tao. São Paulo: Ática, 1996. p. 14.

**2.** Por quais regiões passava a Rota da Seda?

**3.** A maior parte dos caminhos da Rota da Seda era terrestre. Havia, porém, um trecho marítimo. Identifique esse trecho e escreva o nome do mar que ele atravessava.

# As rotas transaarianas

Na África, as trocas comerciais também foram muito importantes no cotidiano, pois elas possibilitavam aos povos o acesso a diversos tipos de mercadorias, mesmo as que só eram produzidas em regiões distantes. Produtos como ouro, noz-de-cola e marfim podiam ser trocados por sal, tecidos, entre outras mercadorias.

O comércio era feito tanto a curta como a longa distância. No comércio a curta distância, geralmente eram realizadas trocas nas regiões vizinhas entre aldeias e cidades próximas. O transporte das mercadorias era feito a pé ou no lombo de burros e camelos.

A longa distância, o comércio era realizado por meio dos rios, ou pelo deserto, em caravanas de camelos nas rotas comerciais que atravessavam o Saara, as chamadas rotas transaarianas. Esse tipo de comércio chegava a ser realizado também com regiões da Europa e da Ásia. Por essas rotas circulavam mercadorias como joias, seda, perfumes, artefatos de porcelana e outros. Veja o mapa.

**noz-de-cola:** fruto de uma planta nativa da África, com gosto amargo, mas que provoca sensação de bem-estar por causa de sua ação estimulante

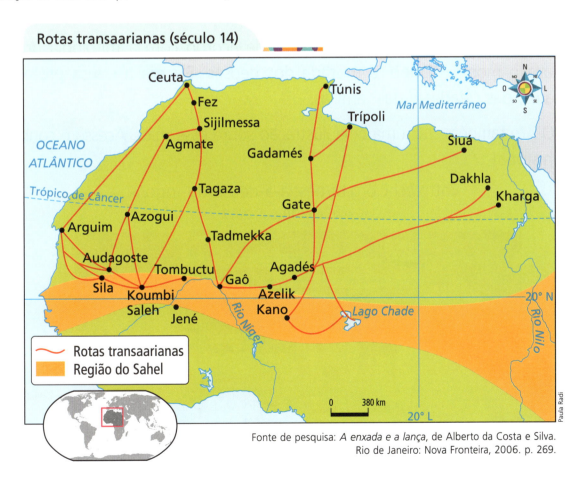

Rotas transaarianas (século 14)

Fonte de pesquisa: *A enxada e a lança*, de Alberto da Costa e Silva. Rio de Janeiro: Nova Fronteira, 2006. p. 269.

## Aprenda mais!

O livro *Histórias africanas* traz cinco histórias que são recontadas pela autora brasileira Ana Maria Machado. Os contos reunidos nesse livro são de tradição oral e vieram de diferentes regiões da África.

Por meio dessas histórias, você vai conhecer um pouco mais as culturas desse continente que tem muita relação com o Brasil.

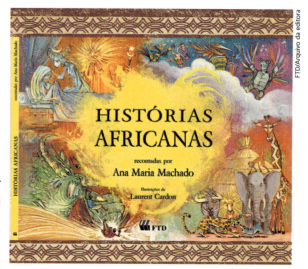

*Historias africanas* - recontadas por Ana Maria Machado, de Ana Maria Machado. São Paulo: FTD, 2014.

Você ficou curioso para conhecer mais sobre a mitologia grega? Acesse o *site Ciência hoje das crianças* e leia sobre um interessante mito dos antigos gregos, chamado *Héstia, a deusa do fogo.*

Héstia era uma das divindades que, de acordo com a mitologia grega, habitava o monte Olimpo, a morada dos deuses. Ela era a deusa protetora dos lares, das cidades e das famílias.

O *site* também traz uma bela ilustração sobre esse mito. Acesse e conheça essa história!

<http://chc.org.br/hestia-a-deusa-do-fogo/>.
Acesso em: 10 out. 2017.

**1.** Leia o texto a seguir e realize as atividades.

> [...] quando desenhavam um boi, nem sempre queriam representar um boi. Podiam estar representando uma boiada, o gado, ou simplesmente a carne. [...]
>
> E quando desenhavam o sol, podiam estar representando o dia, a luz, ou até mesmo o calor.
>
> *O livro da escrita*, de Ruth Rocha. São Paulo: Melhoramentos, 1992. p. 8.

**a.** Qual é o tipo de escrita descrito no texto acima?

&#9711; Pictográfica.     &#9711; Ideográfica.     &#9711; Fonética.

**b.** Como você chegou a essa conclusão?

_____

_____

_____

_____

_____

**2.** Observe a tabela a seguir, que mostra os alfabetos latino, grego e fenício.

| Latino | A | B | C | D | E | F | G | | H | | I | J | K | L | M | N | | O | P | | Q | R | S | T | U | V | W | X | Y | Z |
|---|---|---|---|---|---|---|---|---|---|---|---|---|---|---|---|---|---|---|---|---|---|---|---|---|---|---|---|---|---|---|
| Grego | ∀ | 8 | ˥ | Δ | Ⅎ | ꓤ | | | ⊟ | | I | ⊟ | ⊗ | ⟨ | | ⫯ | ⫯ | ⟩ | ⟩ | | O | ⌐ | ⌐ | Μ | φ | ꟼ | ꟼ | Ƨ | X | |
| Fenício | ⅄ | ⅁ | ⅂ | ⅃ | ⅄ | ꓬ | | | Ⅱ | | Ⅱ | ⊟ | ⊗ | ⟨ | | ꓬ | ⌐ | ꓬ | ꓬ | ⹁ | O | ⌐ | ⌐ | ꟼ | φ | ꟼ | w | ⊦ | X | |

Renan Oliveira

**a.** Qual dos três alfabetos acima foi inventado primeiro?

&#9711; Fenício.     &#9711; Grego.     &#9711; Latino.

**b.** Por que esse alfabeto representava uma inovação para a época?

_____

_____

_____

_____

**c.** Compare os três alfabetos e cite três letras que são bastante parecidas.

_____

**d.** Qual dos três alfabetos citados na página anterior é utilizado pelos falantes da língua portuguesa?

_____

**3.** Encontre no diagrama abaixo seis nomes de deuses antigos africanos, gregos e romanos. Depois, organize-os de acordo com sua origem.

| V | Ê | N | U | S | B | I | F | N | A | B | O |
| M | Ê | A | T | E | N | A | U | R | P | E | L |
| D | N | R | N | E | G | B | A | C | O | A | X |
| B | A | S | T | E | T | U | M | G | L | I | A |
| A | S | O | S | E | T | I | S | I | O | R | O |

**Africanos (egípcios)**

_____

_____

**Gregos**

_____

_____

**Romanos**

_____

_____

## Divirta-se e aprenda

### Mensagem enigmática

Vimos que, ao longo do tempo, os sistemas de escrita foram mudando, até chegar ao alfabeto que conhecemos atualmente. O alfabeto é um tipo de escrita que representa separadamente cada letra, entre elas as vogais e as consoantes. Assim, hoje em dia, várias línguas do mundo podem ser escritas com esse sistema.

Você já imaginou inventar seu próprio sistema de escrita? Como seria? Será que as pessoas compreenderiam? Veja o exemplo abaixo.

| ♡ | □ | ✿ | △ | ○ | ☆ | ☾ | ◎ | # | ✳ |
|---|---|---|---|---|---|---|---|---|---|
| A | B | C | D | E | F | G | H | I | J |

Ilustrações: Bárbara Sarzi

**a.** Agora é a sua vez de criar seu próprio alfabeto. Você pode utilizar os símbolos acima como exemplo e também incluir novos. O importante é usar a sua imaginação!

**b.** Depois, escreva uma mensagem secreta utilizando as letras do alfabeto que você inventou. Ela não pode ser muito curta e deve ter um sentido.

**c.** Troque com um colega de sala a mensagem que você criou. Em seguida, tente decifrar o que o outro escreveu. Para isso, você vai precisar do alfabeto que ele criou.

**d.** Ao final da atividade, conversem sobre as seguintes questões:

**1.** Quanto tempo em média vocês demoraram até decifrar a mensagem? Quais foram as dificuldades encontradas? Seria possível decifrar a mensagem sem utilizar o alfabeto como referência?

**2.** Como seria a comunicação entre as pessoas se cada uma utilizasse um sistema de escrita diferente? As pessoas conseguiriam se entender? Por quê?

# Patrimônio cultural da humanidade

Por causa de sua importância histórica e cultural, muitos vestígios de civilizações antigas são classificados pela Organização das Nações Unidas para a Educação, a Ciência e a Cultura (Unesco) como patrimônio cultural da humanidade. Assim, eles são protegidos e preservados para que as pessoas possam ter acesso ao que foi criado por gerações anteriores e conhecer melhor sua história.

São exemplos de patrimônio cultural da humanidade edifícios, obras de arte, acervos de museu, documentos, fotos, entre outros. Esses vestígios são classificados como patrimônio material.

Observe as fotos.

Foto de 2016 que retrata a mesquita de Jené, localizada no atual Mali, país do continente africano. Essa construção recebeu da Unesco o título de patrimônio cultural da humanidade em 1988.

Foto de 2017 que retrata as ruínas do anfiteatro construído pelos antigos romanos e conhecido como Coliseu, em Roma, atual Itália. Essa construção faz parte do centro histórico da cidade, e recebeu o título de patrimônio cultural da humanidade em 1980.

DeAgostini/Getty Images

ValerioMei/Shutterstock.com/ID/BR

# Patrimônios culturais da humanidade no Brasil

As fotos a seguir retratam alguns patrimônios materiais localizados no Brasil. De acordo com a Unesco, essas construções são consideradas patrimônios culturais da humanidade.

Mauricio Simonetti/Pulsar Imagens

Foto que retrata a Praça de São Francisco, no município de São Cristóvão, Sergipe, em 2015.

Andre Dib/Pulsar Imagens

Foto que retrata casarões com azulejos na rua Portugal, centro histórico de São Luís, Maranhão, em 2015.

- Você conhece algum patrimônio cultural da humanidade além dos exemplos mostrados nas fotos. Se sim, qual?

# Patrimônio cultural imaterial

Além dos bens culturais materiais, como construções e obras de artes, há também a herança cultural que é chamada de **patrimônio intangível** ou **imaterial**.

São exemplos desse tipo de patrimônio as tradições, o folclore, as festas, os conhecimentos e as práticas tradicionais, entre outros.

Veja a seguir alguns exemplos de patrimônios culturais imateriais do Brasil.

O frevo existe há mais de 100 anos. Sua classificação como patrimônio cultural é muito importante para que essa expressão cultural seja mantida.

Dançarinos de frevo em Recife, Pernambuco, 2016.

A Feira de Caruaru surgiu há cerca de 200 anos em uma fazenda. Ao longo do tempo, ela foi se tornando um importante ponto de trocas comerciais.

Feira de Caruaru, em Caruaru, Pernambuco, 2015.

**intangível:** que não pode ser tocado, que não pode ser percebido pelo tato

## Patrimônio natural da humanidade

Além dos patrimônios culturais da humanidade, a Unesco também tem uma classificação de locais considerados patrimônio mundial natural, por causa de sua importância para o meio ambiente. Assim, considera-se que eles precisam ser preservados para o bem-estar da humanidade.

Há vários patrimônios naturais espalhados pelo mundo. No Brasil, atualmente, há sete locais dentro dessa classificação:

- Parque Nacional do Iguaçu;
- Mata Atlântica: Reservas do Sudeste;
- Costa do Descobrimento: Reservas da Mata Atlântica;
- Áreas de Proteção do Cerrado;
- Área de Conservação do Pantanal;
- Complexo de Conservação da Amazônia Central: Parque Nacional do Jaú;
- Ilhas Atlânticas Brasileiras: Fernando de Noronha e Atol das Rocas.

**a.** Você conhece ou gostaria de conhecer algum dos patrimônios citados? Se sim, qual?

**b.** Você concorda que esses locais sejam considerados patrimônios naturais da humanidade? Por quê? Converse com os colegas e depois façam coletivamente uma lista com as principais justificativas apontadas.

O Parque Nacional do Iguaçu apresenta cerca de 275 quedas-d'água e abriga grande diversidade de espécies animais e vegetais. O parque está localizado entre Brasil e Argentina.

Foto do Parque Nacional do Iguaçu, Foz do Iguaçu, Paraná, em 2016.

Junior Braz/Shutterstock.com/ID/BR

## As Sete Maravilhas do Mundo Antigo

Algumas construções se destacaram entre os povos antigos, principalmente por causa de sua grandeza e importância. Com o passar dos anos, a maior parte delas foi destruída. Porém, relatos antigos e gravuras tornaram esses monumentos conhecidos no mundo todo, compondo a lista das Sete Maravilhas do Mundo Antigo.

Conheça essas construções a seguir.

### Pirâmide de Quéops

A pirâmide foi construída há cerca de 4 500 anos e permanece de pé, sendo a única das sete maravilhas que ainda existe quase por completo. De acordo com os pesquisadores, cerca de 100 mil pessoas participaram da construção da pirâmide, feita para ser o túmulo do faraó egípcio Quéops.

### Farol de Alexandria

O monumento foi construído há mais de dois mil anos, na cidade de Alexandria, onde hoje fica o Egito. Projetado por um arquiteto grego, o farol tinha cerca de 100 metros de altura. Ele servia principalmente para emitir sinais aos navegadores e para que a entrada da cidade fosse vigiada. Em cerca de 1300, o farol foi destruído em um terremoto.

### Estátua de Zeus

Construída na cidade de Olímpia, na Grécia, a estátua de Zeus tinha aproximadamente 13 metros de altura. Ela ficava dentro de um templo e simbolizava a grande importância atribuída aos deuses na Antiguidade. A estátua foi transferida 800 anos depois de pronta para Constantinopla, na atual Turquia, e acabou sendo destruída em um incêndio.

Ilustrações: Rivaldo Barboza

Ilustrações: Rivaldo Barboza

### Mausoléu de Halicarnasso

Essa construção foi feita para guardar os restos mortais do rei Mausolo e de sua esposa, que governavam um território onde hoje é parte da Turquia. Enfeitada com estátuas de leões e guerreiros, a tumba acabou sendo destruída em um terremoto muitos anos depois.

### Jardins Suspensos da Babilônia

A existência dessa construção ainda não foi comprovada pelos pesquisadores. Porém, de acordo com relatos antigos, os jardins foram construídos há mais de 2 600 anos, na região onde hoje é o Iraque. Eles abrigavam diversas espécies de plantas, que se situavam em andares construídos acima do solo.

### Colosso de Rodes

Essa grande estátua do deus do Sol, Hélios, tinha 32 metros de altura. Ela foi construída pelos gregos, na ilha de Rodes, para comemorar uma vitória militar. O monumento foi destruído em um terremoto em 226 a.C.

### Templo de Ártemis

A construção foi feita há cerca de 2 500 anos, em homenagem à Ártemis, a deusa grega da Lua e da caça. O templo ficava na cidade de Éfeso, onde hoje é a Turquia. Ele era sustentado por várias colunas de mármore e abrigava uma grande estátua da deusa. Destruído e reconstruído muitas vezes ao longo dos anos, o templo acabou não resistindo e foi destruído no ano de 262.

## Pratique e aprenda

**1.** As fotos a seguir mostram patrimônios culturais. Escreva nos quadrinhos a letra **I** para patrimônio cultural imaterial e a letra **M** para patrimônio cultural material.

Roda de capoeira no município de Paraty, Rio de Janeiro, em 2016.

Centro de Memórias Chico Mendes, no município de Xapuri, Acre, em 2012.

Modo de produção de queijo artesanal tipo canastra, em São Roque das Minas, Minas Gerais, 2016.

Mercado Municipal do município de Manaus, Amazonas, em 2015.

**2.** Leia a manchete, observe a imagem e, depois, responda às questões.

Réplicas e ruínas das sete maravilhas do mundo antigo recebem visitas, de Rafaella Panceri. *Correio Braziliense*, Brasília, 26 abr. 2017. Disponível em: <www.correiobraziliense.com.br/app/noticia/turismo/2017/04/26/interna_turismo,591446/visite-as-replicas-e-as-ruinas-das-sete-maravilhas-do-mundo-antigo.shtml>. Acesso em: 22 jan. 2018.

**a.** Qual das Sete Maravilhas do Mundo Antigo foi reconstruída e aparece retratada na imagem? Marque um **X** na alternativa correta.

◯ Pirâmide de Quéops.          ◯ Colosso de Rodes.

◯ Templo de Ártemis.

**b.** O que diz a manchete sobre as réplicas e ruínas das Sete Maravilhas do Mundo Antigo?

_____

_____

**c.** Com base na sua resposta à questão anterior, responda: por que o edifício foi reconstruído recentemente?

_____

_____

**3.** A pirâmide de Quéops é a única das Sete Maravilhas do Mundo Antigo que ainda existe. Em 1979, a pirâmide e seus entornos passaram a ser considerados pela Unesco como patrimônio cultural da humanidade. Reflita sobre o tema e escreva um texto comentando a importância e o significado desse título.

Pirâmide de Quéops, no Egito. Foto de 2014.

_____

_____

_____

_____

_____

_____

**4.** Qual das Sete Maravilhas do Mundo Antigo você achou mais interessante? Desenhe-a a seguir. Depois, mostre seu desenho aos colegas e conte a eles por que você fez essa escolha.

## Aprenda mais!

Que tal conhecer diferentes patrimônios culturais do Brasil de um jeito diferente e divertido? No jogo Trilha Cultural, do *Instituto Arte na Escola*, ao combinar diferentes selos, é possível formar cartões-postais com patrimônios culturais e saber mais sobre eles. O jogo está disponível para celulares e *tablets*, gratuitamente na loja de aplicativos.

Acesse o *site* a seguir e saiba mais.

<http://artenaescola.org.br/boletim/materia.php?id=76826>.

Acesso em: 26 dez. 2017.

## Ponto de chegada

1. Antes de estudar os conteúdos desta unidade, o que você conhecia sobre o período também chamado "pré-história"? O que achou mais interessante após os estudos?

2. Reflita sobre o papel do desenvolvimento da escrita para as primeiras civilizações. Ela foi importante? Por quê? E atualmente, quais são as maneiras de registrar saberes e conhecimentos, por exemplo, em nossa sociedade?

3. Você considera relevante conhecer a história e a cultura de povos que viveram em outras épocas, como as antigas civilizações estudadas nesta unidade? Explique.

4. Escreva uma frase para resumir o que você compreendeu sobre os patrimônios. Depois, leia a frase para o professor e os colegas e conversem sobre a importância de se preservar esses bens culturais e naturais, justificando sua opinião sobre o tema.

# As sociedades se transformam

1. Descreva as construções e a paisagem retratadas na foto.

2. Você conhece algum povo ou civilização que habitou a América ou a África nos séculos anteriores? Se sim, qual? Comente.

3. Em sua opinião, de que maneira as sociedades podem se transformar ao longo do tempo? Explique.

Foto de pessoas visitando as ruínas de Teotihuacan, no México, em 2017.

Kit Leong/Shutterstock.com/ID/BR

# A Idade Média na Europa

Entre os séculos 3 e 5, as sociedades europeias passaram por profundas transformações. Por exemplo, o antigo Império Romano, que se formou inicialmente na atual Itália e se estendeu por grande parte da Europa e partes da África e da Ásia, entrou em declínio. Nesse período, povos vindos de diferentes lugares, como o norte da Europa e a Ásia Central, instalaram-se em regiões antes dominadas pelos romanos e, aos poucos, formaram vários reinos, dando início ao período chamado Idade Média. Veja no mapa ao lado como era a formação do Império Romano, por volta do século 2.

**Império Romano (século 2)**

Fonte de pesquisa: *World History Atlas*, de Jeremy Black (Ed.). Londres: Dorling Kindersley, 2005. p. 180.

**Reinos germânicos (século 6)**

Agora, observe como a região ficou dividida em vários reinos, por volta do século 6.

Fonte de pesquisa: *The Penguin Historical Atlas of the Medieval World*, de Andrew Jotischky e Caroline Hull. Londres: Penguin Books, 2005. p. 21.

# Por que Idade Média?

Idade Média foi o nome dado a um período histórico europeu que foi do século 5 ao 15, ou seja, teve duração de cerca de mil anos. Esse período foi chamado pelos estudiosos de "Idade Média" muito tempo depois. Na época, esses estudiosos europeus organizaram o tempo histórico de acordo com a divisão em períodos. Observe a seguir como pensadores europeus organizam os períodos da história europeia.

- Idade Antiga ou Antiguidade: 3500 a.C. a 476.
- Idade Média: 476 a 1453.
- Idade Moderna: 1453 a 1789.
- Idade Contemporânea: 1789 até os dias atuais.

# A sociedade medieval

Durante a Idade Média, houve diversas transformações na Europa. As atividades urbanas, por exemplo, como artesanato e comércio, diminuíram pouco a pouco. A falta de oportunidades de trabalho nas cidades levou parte da população urbana a viver nas áreas rurais. Assim, durante grande parte desse período, a economia passou por grandes mudanças, tornando-se essencialmente agrária.

Nessa época, não havia uma figura central que detinha o poder, como um imperador. Os grandes proprietários de terras, chamados **senhores feudais**, passaram a deter o poder político na região.

A sociedade medieval era formada por camadas sociais bem definidas, que determinavam a trajetória do indivíduo.

*As Riquíssimas Horas do Duque de Berry*, iluminura produzida pelos irmãos Limbourg, no século 15, que representa camponeses trabalhando na propriedade de um senhor feudal.

Museu Condé, Chantilly (França). Fotografia: ID/BR

# Festas e religiosidade

O cristianismo, crença monoteísta, ou seja, baseada no culto de apenas um deus, foi ganhando cada vez mais força na cultura europeia da época. Muitos povos, antes politeístas, foram se convertendo à religiosidade cristã.

Durante a Idade Média, de maneira geral, houve grande influência da Igreja católica em diversos aspectos do cotidiano da sociedade europeia. Nas festas, por exemplo, comemorações referentes às antigas crenças politeístas, como as celebrações da chegada da primavera e do solstício de verão, eram bastante comuns. Porém, ao longo do tempo, a Igreja católica criou comemorações cristãs, muitas delas com o objetivo de substituir ou de transformar as antigas celebrações politeístas. A festa de São João, por exemplo, passou a ser comemorada no mesmo dia em que se celebrava o início do verão no hemisfério Norte.

Cena de vila com dança em torno do mastro de maio, de Pieter Brueghel. Óleo sobre painel. 1634. Museu de Arte Popular Tirolesa, Áustria.

Museu de Arte Popular Tirolesa, Innsbruck (Áustria). Fotografia: ID/BR

## Que curioso!

### Inovações medievais

Muitos objetos e hábitos de nosso dia a dia tiveram origem na Idade Média. Objetos como botões, óculos e fivela de cinto foram algumas das inovações criadas na Idade Média que ainda fazem parte do nosso cotidiano. Além disso, hábitos como sentar-se à mesa para almoçar, por exemplo, foram uma novidade medieval!

# A transição para a modernidade na Europa

Vimos que, durante a Idade Média, a Europa ficou dividida em vários reinos e não havia unidade política. Entre os séculos 11 e 15, no final da Idade Média, de modo geral, a população europeia apresentou considerável aumento. Houve crescimento da vida urbana e das atividades comerciais.

Essas transformações propiciaram o desenvolvimento das primeiras nações europeias, dando início ao processo de formação de Estados centralizados, ou seja, com o poder nas mãos de um rei. Os primeiros Estados Nacionais modernos da Europa foram formados por Portugal e Espanha.

A organização desses dois Estados contribuiu para que eles também fossem os primeiros a promover grandes navegações por rotas marítimas ainda desconhecidas pelos europeus. Além disso, a localização geográfica de Portugal e Espanha, banhados pelo oceano Atlântico, facilitou o acesso desses países à navegação em alto-mar. Observe o mapa ao lado.

Fonte de pesquisa: *Atlas geográfico escolar*. 7. ed. Rio de Janeiro: IBGE, 2016. p.43.

Gravura produzida no século 19 representando a proclamação do primeiro rei de Portugal, Afonso Henriques, em 1139.

# A economia no período moderno

Com a formação de fortes Estados Nacionais, a partir do século 15 aproximadamente, começou a vigorar um novo conjunto de práticas econômicas que ficou conhecido como **mercantilismo**.

De acordo com os intelectuais da época, na lógica mercantilista, a riqueza de uma nação era medida pela quantidade de riqueza que ela acumulava. No caso, as principais fontes de riqueza da época eram a prata e o ouro.

Essa característica do mercantilismo é chamada de metalismo. Além dessa característica, o mercantilismo também é caracterizado por:

- Balança comercial favorável: com objetivo de manter seus estoques de metais preciosos, os governantes buscavam exportar mais produtos do que importar.

- Pacto colonial: prática em que uma colônia só poderia realizar comércio com sua metrópole. Esse pacto era vantajoso para as metrópoles, que podiam vender seus produtos para as colônias sem qualquer tipo de concorrência.

*A frota de Cabral ao sair do Tejo,* ilustração de Alfredo Roque Gameiro produzida no início do século 20. O mercantilismo estimulou a busca de novas rotas comerciais ao longo do oceano Atlântico.

Coleção particular. Fac-símile: ID/BR

**1.** Circule no diagrama abaixo o nome de algumas inovações tecnológicas desenvolvidas durante a Idade Média.

| O | I | A | C | P | U | É | F | I | U | F | V | J | S | E |
|---|---|---|---|---|---|---|---|---|---|---|---|---|---|---|
| M | B | O | T | Õ | E | S | U | R | A | E | S | B | M | L |
| D | I | Á | E | I | E | S | A | E | D | A | E | C | D | X |
| L | S | A | I | X | A | U | Ó | C | U | L | O | S | L | S |
| A | B | O | Z | E | T | V | L | I | V | R | T | L | A | U |
| M | R | S | N | X | A | M | P | S | A | E | S | U | M | E |
| D | I | A | F | I | V | E | L | A | D | Á | E | V | D | V |

**2.** A seguir, estão apresentadas as principais características do mercantilismo. Complete o quadro com a descrição de cada uma delas.

| Metalismo | |
|---|---|
| Balança comercial favorável | |
| Pacto colonial | |

**3.** Explique como era a religiosidade durante a Idade Média na Europa.

_____

_____

_____

# Em busca de riquezas

Em março de 1500 partiu de Lisboa, Portugal, uma frota com 13 embarcações comandada por Pedro Álvares Cabral, oficialmente com destino a Calicute, na Índia.

Os portugueses já conheciam o caminho marítimo para a Índia, pois em 1498 outro navegador português, Vasco da Gama, fez essa viagem, trazendo consigo navios carregados de artigos de luxo e especiarias.

Naquela época, as especiarias eram muito valorizadas, pois ajudavam a conservar e a melhorar o sabor dos alimentos. Além disso, eram utilizadas como remédios contra diversas doenças. Dessa maneira, para os portugueses, o objetivo principal da expedição de Cabral era ampliar as negociações com a Índia, estabelecendo feitorias na região.

## A viagem de Cabral

Após cerca de 40 dias de viagem, os navegantes notaram os primeiros sinais de terra e avistaram um monte que denominaram Monte Pascoal. A terra foi chamada inicialmente de Vera Cruz. Tratava-se do litoral sul do atual estado da Bahia.

Museu Nacional de Belas Artes, Rio de Janeiro (RJ). Fotografia: ID/BR

*Descobrimento do Brasil*, de Francisco Aurélio de Figueiredo e Melo. Óleo sobre tela, 395 cm x 384 cm. Produzida no século 19. A obra representa Cabral apontando para o Monte Pascoal, a bordo da caravela.

**especiarias:** plantas aromáticas como o cravo, a canela, a noz-moscada e a pimenta

**feitorias:** estabelecimentos, geralmente fortificados, construídos para armazenar e comercializar produtos

gcafotografia/Shutterstock.com/ID/BR

## Carta para o rei de Portugal

Um dos documentos mais famosos sobre a viagem de Cabral e o episódio da chegada ao litoral do Brasil é a carta de Pero Vaz de Caminha, escrivão oficial da frota. Esse documento relata o primeiro contato entre povos nativos e os portugueses que faziam parte da expedição de Cabral. Leia a seguir um trecho da carta.

[...] A feição deles é parda, algo avermelhada, de bons rostos e bons narizes. Em geral são benfeitos. Andam nus, sem cobertura alguma. Não fazem o menor caso de cobrir ou mostrar suas vergonhas, e nisso são tão inocentes como quando mostram o rosto. [...] Traziam o lábio de baixo furado e metido nele um osso branco [...]. Os cabelos deles são corredios. E andavam tosquiados, raspados por cima das orelhas. [...]

*Carta do achamento do Brasil*, de Antonio Carlos Olivieri e Marco Antonio Villa. São Paulo: Callis, 1999. p. 24-25 (Biografias Brasileiras).

Os portugueses permaneceram nas terras por cerca de 10 dias. Eles fizeram contatos com os povos indígenas, reabasteceram as embarcações com água e outros mantimentos, tomaram posse das terras em nome do rei de Portugal e depois seguiram a viagem com destino à Índia. Uma das embarcações retornou a Lisboa com a carta de Caminha, levando notícias ao rei de Portugal.

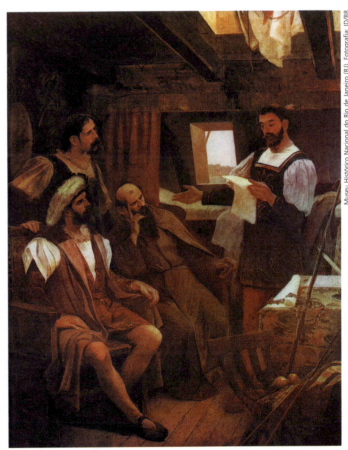

Obra de arte de Francisco Aurélio de Figueiredo e Melo, produzida em cerca de 1900. A imagem representa Cabral, Mestre João e Frei Henrique ouvindo Pero Vaz de Caminha ler a carta a ser enviada ao rei D. Manuel.

# A exploração do território

Inicialmente, as novas terras despertaram pouco interesse à Coroa portuguesa. Isso porque, com o novo caminho marítimo para a Índia, os portugueses poderiam comercializar grandes quantidades de especiarias.

Por aqui, o produto encontrado que mais interessou aos europeus foi o **pau-brasil**, uma árvore de madeira avermelhada que era utilizada, sobretudo, para a extração de um corante para tecidos que tinha alto valor comercial. Havia uma grande quantidade de pau-brasil no litoral brasileiro, o que começou a atrair a atenção de outros povos europeus, principalmente os franceses.

Veja o que o francês Jean de Léry escreveu em seu livro *Viagem à terra do Brasil*, publicado em 1578.

Entalhe em madeira, produzido por volta de 1550, que representa um indígena derrubando uma árvore de pau-brasil utilizando um machado.

[...] Quanto ao modo de carregar os navios com essa mercadoria [o pau-brasil], direi que tanto por causa da dureza, e consequente dificuldade em derrubá-la, como por não existirem [...] animais para transportá-la, é ela arrastada por meio de muitos homens; e se os estrangeiros que por aí viajam não fossem ajudados pelos selvagens, não poderiam sequer em um ano carregar um navio de tamanho médio.

Os selvagens, em troca de algumas roupas, chapéus, facas, machados [...] cortam, serram, racham, atoram e desbastam o pau-brasil, transportando nos ombros nus [...] até a costa junto aos navios ancorados, onde os marinheiros o recebem. [...]

*Viagem à terra do Brasil*, de Jean de Léry. Tradução Sérgio Milliet. Belo Horizonte: Itatiaia/São Paulo: Edusp, 1980. p. 168.

## A qualidade da água

Você já refletiu sobre a qualidade da água que você, sua família e seus amigos consomem diariamente? Entre o final do século 15 e o início do século 16, as longas viagens a bordo das caravelas eram cheias de perigos e dificuldades. Leia o texto a seguir, que trata de um problema muito comum durante essas viagens.

> [...] Em condições normais, depois de alguns dias de viagem a água armazenada em tonéis de madeira acondicionados nos porões, ao ser tirada com vasos chamados pincéis, próprios para extrair o líquido das **pipas**, mostrava-se muito quente e fétida. Entretanto, para os que já estavam acostumados, além de não terem outra escolha, o sabor era agradável. Isso explica a estranheza causada pela reação dos índios brasileiros, conforme narra a carta de Pero Vaz de Caminha, quando, ao tomarem da água oferecida pelo **capitão-mor**, cuspiram o líquido [...].

*No tempo das especiarias*: o império da pimenta e do açúcar, de Fábio Pestana Ramos. São Paulo: Contexto, 2004. p. 154.

revers/Shutterstock.com/ID/BR

**capitão-mor:** cargo de oficial militar da marinha portuguesa

**pipas:** recipientes de madeira feitos para armazenar líquidos

Natalia Piacheva/Shutterstock.com/ID/BR

Natsmith1/Shutterstock.com/ID/BR

**a.** Como a água era armazenada nas embarcações? Qual era a situação da água depois de alguns dias de viagem?

**b.** Qual foi a atitude dos indígenas quando experimentaram a água oferecida pelos portugueses? De qual fonte histórica foi coletada essa informação?

**c.** O que pode acontecer se ingerirmos água ou alimentos estragados? Converse com os colegas sobre os riscos que corremos nessa situação. Reflitam também sobre o que pode ser feito para solucionar o problema de pessoas que não têm acesso a água de boa qualidade.

## Pratique e aprenda

**1.** Observe, no mapa, as rotas das expedições de Vasco da Gama e Pedro Álvares Cabral, e depois responda às questões.

Rotas de Vasco da Gama e Pedro Álvares Cabral (século 15)

Fonte de pesquisa: *Atlas – História do Brasil*, de Flávio de Campos e Miriam Dolhnikoff. São Paulo: Scipione, 1993. p. 5.

**a.** Descreva as rotas realizadas por Vasco da Gama e Pedro Álvares Cabral. Que locais cada uma das expedições visitou antes de chegar ao seu destino?

_____

_____

_____

_____

**b.** Qual é a diferença entre as rotas de Vasco da Gama e Cabral?

_____

_____

_____

**2.** Explique por que as especiarias tinham um alto valor comercial para os portugueses no século 15.

_____

_____

_____

**3.** Como os indígenas são descritos no trecho da carta de Caminha, apresentado na página **53**?

_____

_____

_____

**4.** Por que, em 1500, a Coroa portuguesa não demonstrou grande interesse em explorar o Brasil? Marque um **X** na resposta correta.

◯ Porque a Coroa portuguesa sabia que havia indígenas que viviam nessa terra, e por isso não quis tomar as terras desses povos.

◯ Porque não havia riquezas a serem exploradas nas terras brasileiras.

◯ Porque a Coroa portuguesa havia descoberto um novo caminho marítimo para a Índia, local onde podiam obter especiarias.

**5.** O trecho da carta relata a percepção que Caminha teve sobre os povos que aqui viviam. Em sua opinião, como os indígenas descreveriam esse encontro?

_____

_____

_____

_____

_____

_____

# Os povos da América

Quando os europeus chegaram à América, a região já era habitada por vários povos. O povoamento da América teve início há muito tempo, entre cerca de 11 mil e 50 mil anos. Desde então, diversos povos habitaram o continente americano ao longo do tempo. Eles se organizaram de diferentes maneiras: de pequenos grupos até sociedades bastante complexas que chegaram a formar reinos e impérios.

Para conhecer esses povos, utilizamos vários tipos de fontes históricas, como os vestígios arqueológicos deixados por eles. Veja um exemplo na foto a seguir.

Ismar Ingber/Pulsar Imagens

Sala do Museu Nacional localizado no município do Rio de Janeiro, com objetos de cerâmica utilizados por indígenas. Foto de 2009.

● Descreva os objetos retratados na foto. O que podemos conhecer sobre a história ou a cultura dos povos que deixaram vestígios por meio dessas fontes?

Outras fontes muito utilizadas para conhecer mais informações sobre os povos nativos da América são os relatos de povos europeus, principalmente os que entraram em contato com o continente americano a partir do final do século 15. Foram os europeus que, na época, chamaram o continente de "América".

O continente americano recebeu esse nome em homenagem ao navegador italiano Américo Vespúcio. Na época, foi ele quem percebeu que as terras que os europeus encontraram não se tratavam de uma ilha, mas sim de um continente.

Vamos conhecer a seguir alguns povos que se desenvolveram antes da chegada dos europeus.

# Os incas

A civilização inca se desenvolveu em uma região montanhosa da América do Sul, onde atualmente se localiza o Peru.

O antigo território habitado por eles era formado por uma cadeia de montanhas, com planaltos elevados e profundos vales.

Inicialmente, a população era organizada em grupos familiares. Eram politeístas e se dedicavam a diversas atividades, como agricultura, criação de animais e pesca.

## A formação do Império Inca

Com o passar do tempo, os incas foram dominando outros povos da região, formando um poderoso império. Entre o século 14 e o século 15, o Império Inca havia se expandido por territórios que hoje correspondem a partes do Equador, do Peru, da Bolívia, do Chile e da Argentina.

Fonte de pesquisa: *História da América Latina*, de Leslie Bethell (Org.). São Paulo: Edusp/Brasília: Fundação Alexandre Gusmão, 2004-2005. v. 1. p. 77.

Império Inca (século 15)

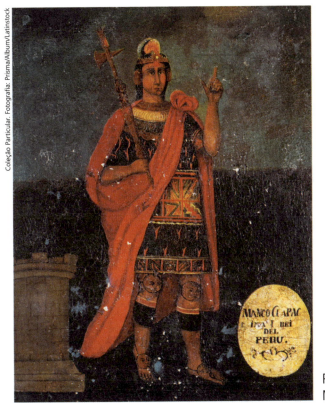

A capital do império ficava localizada na cidade de Cusco, atual Peru. Todo o poder era concentrado na figura do imperador, ou seja, o poder era **centralizado**. O imperador assumia o título divino de "filho do Sol".

Pintura produzida no século 19 que representa Manco Capac, primeiro governante do Império Inca.

## Contando os nós

Não há registros de que os incas utilizavam um código de escrita. Porém, eles desenvolveram um sistema de contagem, o **quipo**, um conjunto de cordões coloridos nos quais eram feitos nós. O tipo de contagem ou registro variava de acordo com a cor do cordão e o número de nós. Os nós podiam significar uma unidade ou uma dezena, que eram utilizadas para registrar a produção agrícola, entre outras informações importantes para a organização do império.

Werner Forman/Universal Images Group/Getty Images

Foto de quipo localizado no Museu Etnológico, em Berlim, Alemanha. No detalhe, um dos nós do quipo.

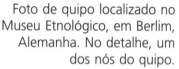

neftali/Shutterstock.com/ID/BR

Foto de selo peruano produzido em 1977 em homenagem aos chasquis.

## O sistema de mensagens

Como vimos, o Império Inca atingiu uma vasta extensão, e, para manter a organização, foi desenvolvido um sistema de comunicação. Esse sistema empregava mensageiros treinados, os **chasquis**, que ficavam posicionados em diferentes pontos, separados uns dos outros por uma distância de cerca de 20 quilômetros.

Para transmitir uma mensagem, cada chasqui corria do posto onde se encontrava até o posto seguinte. Assim, a mensagem chegava a seu destino. Era um eficiente sistema de comunicação, com as mensagens chegando a percorrer muitos quilômetros em apenas um dia.

# Os maias

Os maias habitaram o território que corresponde ao sul do México e a algumas partes da América Central. Atualmente, na região se situam países como Guatemala, Belize, Honduras, El Salvador e parte do México, na península de Iucatã.

A civilização maia foi formada por vários povos. Entre eles estavam os olmecas, que habitaram a região em um período anterior aos maias, mas que já haviam desenvolvido elaboradas técnicas de arquitetura, como as utilizadas para a construção de centros cerimoniais.

Os maias organizaram complexas estruturas urbanas, com dezenas de cidades--Estado. Eles praticavam o comércio e também a agricultura, com o cultivo de milho, batata, mandioca, feijão e diversas frutas. Além disso, a civilização maia desenvolveu estudos de astronomia, sistemas de calendário e de escrita.

Império Maia (século 16)

Fonte de pesquisa: *História da América Latina*, de Leslie Bethell (Org.). São Paulo: Edusp/Brasília: Fundação Alexandre Gusmão, 2004-2005. v. 1. p. 56.

## A escrita e o sistema de numeração dos maias

O sistema de escrita maia era bastante complexo, com mais de 700 sinais, e era baseado em símbolos que representavam ideias e sons. Além da escrita, essa civilização elaborou um sistema de numeração que tinha como base o número 20, e que incluía o zero para indicar a ausência de valor. Observe a ilustração abaixo.

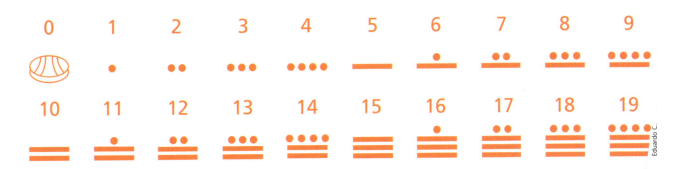

cidades-Estado: núcleos urbanos ou cidades independentes entre si

# O calendário maia

Os conhecimentos desenvolvidos pelos maias possibilitaram a realização de diversos estudos astronômicos e também a criação de dois calendários, um deles referente aos rituais, com 260 dias, e outro solar, de 365 dias.

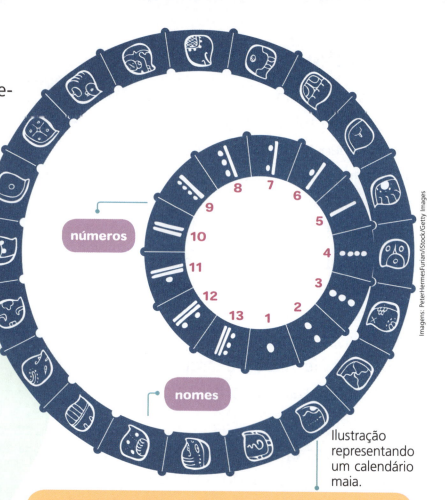

Ilustração representando um calendário maia.

**260 dias (13 × 20 = 260)**

O calendário de 260 dias era dividido em 13 grupos de 20 dias. Ele tinha nomes e números para os dias. O ciclo dos nomes se repetia a cada 20 dias, e o dos números, a cada 13 dias.

Funcionava da seguinte maneira: tinha início com o alinhamento do primeiro dia e o número 1. Depois, girava para o número 2 e o segundo nome, e assim por diante. Os números giravam até o 13 e começavam de novo, enquanto os nomes continuavam. Quando *Imix* e o número 1 se alinhavam de novo, havia passado 260 combinações diferentes.

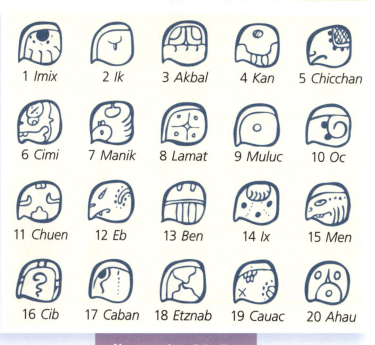

| 1 Imix | 2 Ik | 3 Akbal | 4 Kan | 5 Chicchan |
| 6 Cimi | 7 Manik | 8 Lamat | 9 Muluc | 10 Oc |
| 11 Chuen | 12 Eb | 13 Ben | 14 Ix | 15 Men |
| 16 Cib | 17 Caban | 18 Etznab | 19 Cauac | 20 Ahau |

**Nomes dos 20 dias**

Imagens: PeterHermesFurian/iStock/Getty Images

# Os astecas

A civilização asteca habitou a região onde atualmente está localizado o México.

Os povos que formaram essa civilização fixaram-se nas terras próximas ao lago Texcoco, onde fundaram a capital, Tenochtitlán, atual Cidade do México.

Eram povos guerreiros que conquistaram outros povos da região, formando um poderoso império.

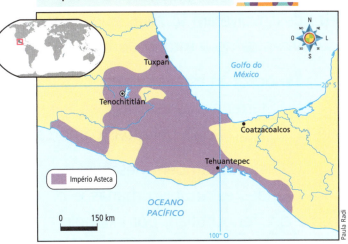

Império Asteca (século 16)

Fonte de pesquisa: *História da América Latina*, de Leslie Bethell (Org.). São Paulo: Edusp/Brasília: Fundação Alexandre Gusmão, 2004-2005. v. 1. p. 56.

Assim como os incas e os maias, os astecas eram politeístas e construíram grandes templos em homenagem aos deuses. Muitas dessas construções tinham formato de pirâmide, feitas com grandes blocos de rochas, com degraus e escadarias que levavam ao topo.

## A fundação de Tenochtitlán

De acordo com uma lenda asteca, a escolha do local de fundação da cidade de Tenochtitlán foi determinada pelo sinal de um deus. O local onde deveria ser construída a cidade seria indicado pela visão de uma águia com uma serpente na boca e pousada em um cacto.

Assim, os astecas foram conduzidos até encontrarem o sinal divino, em uma ilha no centro do lago Texcoco, onde se estabeleceram e fundaram Tenochtitlán.

Arte asteca representando a lenda de fundação da cidade de Tenochtitlán.

# O campo e a cidade

A atividade agrícola foi muito importante para os povos astecas. Por isso, eles desenvolveram técnicas que aperfeiçoaram a produção e facilitaram o cultivo de alimentos no território do Império.

Tenochtitlán estava situada próximo a lagos e pântanos. Assim, para aproveitar esses terrenos, os astecas elaboraram um sistema chamado **chinampa**, espécie de ilhas artificiais utilizadas como campos de cultivo.

Os astecas também desenvolveram grandes estruturas urbanas e o comércio. Tenochtitlán, por exemplo, chegou a ter cerca de 300 mil habitantes. Nas cidades astecas, existiam mercados com imensa variedade de produtos.

De Agostini Picture Library/G. Dagli Orti/Bridgeman Images/Easypix

Cópia de ilustração de um manuscrito do século 16 representando astecas construindo chinampas.

## Que curioso!

### O cacau e o chocolate

Você gosta de chocolate? Sabia que ele é produzido com sementes de cacau? Os antigos povos que viviam na América já conheciam esse fruto há muito tempo. E ele era bastante valorizado!

Segundo uma lenda asteca, as sementes do cacau foram trazidas do céu por um deus e ofertada aos humanos como um presente.

O cacau era utilizado para fabricar o *xocoatl*, uma bebida reservada aos reis. Era uma bebida amarga, mas bastante saborosa. Além disso, era uma importante fonte de energia. Já os maias utilizavam as sementes de cacau como moeda de troca em transações comerciais.

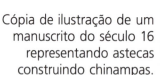

papi8888/Shutterstock.com/ID/BR

Foto de cacau.

# Pratique e aprenda

**1.** Leia as características de civilizações que habitaram o continente americano e relacione-as corretamente.

> Habitaram a região sul do México e partes da América Central. Desenvolveram dois tipos de calendários, sistemas de escrita e de numeração.

> Civilização que se estabeleceu na região das Cordilheiras dos Andes. Formou um grande império, com poder centralizado e que mantinha um eficiente sistema de mensagens.

> Formou um poderoso império na região onde atualmente está localizado o México. A capital desse império, Tenochtitlán, foi fundada em uma ilha do lago Texcoco.

**Incas**

**Maias**

**Astecas**

**2.** Descreva o sistema numérico dos maias.

_____

_____

_____

**3.** Por quais regiões se estendia o Império Inca entre o século 14 e o século 15?

_____

_____

_____

**4.** Explique o que eram as chinampas e por que elas foram criadas.

_____

_____

_____

**5.** Os povos maias deixaram diversos vestígios de sua cultura, entre eles o *Popol Vuh*, livro que contém mitos sobre a visão de mundo maia. Leia a seguir o trecho de um desses mitos.

[...]

Foi do milho branco que [Tepeu e Gugumatz] fizeram os quatro primeiros homens. Eles eram perfeitos: falavam bem e, principalmente, eram capazes de agradecer diariamente aos criadores.

Agora sim Tepeu e Gugumatz estavam satisfeitos.

Mas os homens feitos de milho eram capazes de ver e compreender tudo, além de terem emoções bem desenvolvidas e mentes aguçadas. Eram espertos e muito poderosos.

Os criadores ficaram preocupados, pois suas criaturas eram perfeitas demais. Resolveram, então, retirar parte da visão de mundo e do poder desses homens.

[...]

E, até hoje, os seres humanos vivem na terra sem ter a verdadeira compreensão de sua existência.

[...]

Tepeu e Gugumatz (Povo maia, América Central). Em: *Quando tudo começou*: mitos da criação universal, de César Obeid. Ilustrações de Andrea Ebert. São Paulo: Panda Books, 2015. p. 20.

JIANG HONGYAN/Shutterstock.com/ID/BR

Agora, realize as atividades de acordo com o texto.

**a.** Marque um **X** na alternativa que indica o principal tema do mito.

◯ a criação do mundo.

◯ a criação dos seres humanos.

◯ a criação do milho.

designelements/Shutterstock.com/ID/BR

**b.** De acordo com a cultura maia, qual foi o material utilizado pelos criadores para fazer os primeiros seres humanos?

_____

_____

**c.** Cite as principais características dos primeiros seres humanos criados.

_____

_____

_____

**d.** Você conhece algum outro mito que explica a criação dos seres humanos? Se sim, qual?

_____

_____

_____

## Aprenda mais!

O livro *Baak*: um conto do povo maia narra a história de Baak, um pequeno deus maia que queria aprender a caçar. Ele vivia com sua mãe, e muitas vezes eles não tinham comida suficiente. Seus irmãos mais velhos não o ensinavam a caçar, mas, um dia, Baak teve uma grande ideia. Ele não aprendeu a caçar, mas descobriu como domesticar animais.

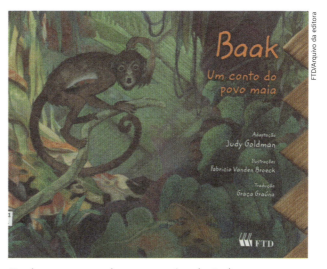

*Baak*: um conto do povo maia, de Judy Goldman (Adaptação). Tradução de Graça Graúna. São Paulo: FTD, 2013.

# Os povos indígenas no Brasil

No território onde atualmente é o Brasil, havia entre 2 milhões e 4 milhões de indígenas quando os primeiros portugueses desembarcaram na região, há mais de 500 anos. Observe o mapa.

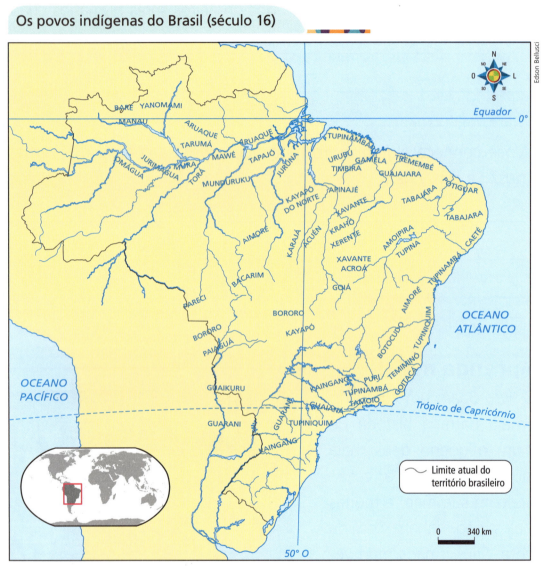

**Os povos indígenas do Brasil (século 16)**

Fonte de pesquisa: *História da América Latina*, de Leslie Bethell (Org.). São Paulo: Edusp/Brasília: Fundação Alexandre Gusmão, 2004-2005. v. 1. p. 103.

Antes da chegada dos portugueses, os povos indígenas desenvolveram diferentes formas de organização. Muitos deles viviam em aldeias, pequenas povoações lideradas por um chefe, formando grupos seminômades. Os indígenas seminômades deslocavam-se de acordo com determinado período do ano, geralmente quando os recursos naturais do lugar onde estavam se tornavam insuficientes. Quando isso acontecia, eles se mudavam para um novo local onde pudessem caçar, pescar, coletar frutos e raízes, além de cultivar pequenas áreas de plantio.

Observe a imagem a seguir. Na época em que ela foi produzida, esses indígenas ainda preservavam as características culturais de seus antepassados, que viviam no Brasil muito tempo antes da chegada dos europeus.

*Índios Bororo retornando da caça*, de Nicolas Antoine Taunay. Lápis e aquarela, 1827.

## Que curioso!

### O Brasil foi descoberto?

Os portugueses que chegaram ao Brasil em 22 de abril de 1500 tomaram posse do território em nome do rei de Portugal.

Essa data passou a ser considerada como o Dia do Descobrimento do Brasil. Porém, alguns povos indígenas protestam contra essa data, pois afirmam que o Brasil não foi descoberto, mas sim invadido pelos portugueses.

Na ocasião das festividades dos 500 anos de Descobrimento do Brasil, ocorridas no ano 2000, milhares de indígenas realizaram manifestações exigindo o reconhecimento e a valorização de sua história, que começa muito tempo antes da chegada dos portugueses a este território.

Indígenas durante uma conferência contra as comemorações dos 500 anos do Brasil, na cidade de Porto Seguro, Bahia, em 2000.

## Diversos povos, diversas culturas

Atualmente, no Brasil, os indígenas estão organizados em mais de 240 povos diferentes, que somam, de acordo com o Censo de 2010, cerca de 900 mil pessoas. Foram registradas também aproximadamente 270 línguas faladas por esses povos.

Diversos povos indígenas estão espalhados por todo o território brasileiro, em aldeias e nas cidades. Observe as fotos a seguir. Elas retratam diferentes povos indígenas que vivem atualmente no Brasil.

**A**

Foto de indígenas yanomami com trajes e ornamentos tradicionais de seu povo durante festividade na aldeia de Ariabu, no município de Santa Isabel do Rio Negro, Amazônia, em 2017.

**B**

Foto de indígenas waurá durante pescaria, em Gaúcha do Norte, Mato Grosso, 2016.

C

Foto de crianças indígenas do povo kalapalo tomando banho de rio, em Querência, Mato Grosso, 2016.

Luciola Zvarick/Pulsar Imagens

D
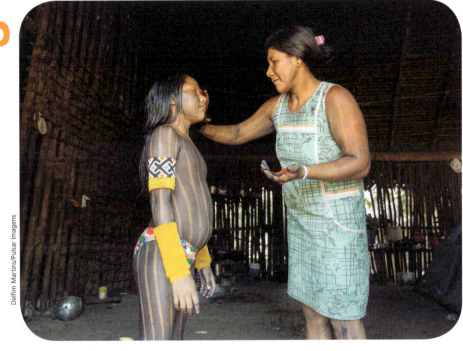

Indígena do povo kayapó fazendo pintura corporal em sua filha, em São Félix do Xingu, Pará, 2016.

Delfim Martins/Pulsar Imagens

1. Observe as pessoas retratadas nas fotos. Como elas são? Estão usando ornamentos? Quais? Se sim, descreva-os.

2. Escolha duas fotos entre as apresentadas e aponte as principais semelhanças entre elas.

3. Agora, escolha outras duas fotos e aponte as principais diferenças entre elas.

# Ser indígena atualmente no Brasil

A grande maioria da população indígena vive atualmente em terras coletivas, declaradas pelo governo federal e reservadas para posse e ocupação exclusivas dos indígenas. Essas terras são chamadas **Terras Indígenas** (TIs). O processo de demarcação das TIs passa por diferentes fases: em estudo, delimitadas, declaradas, homologadas e regularizadas (última fase). Há também as terras interditadas, para proteção de povos indígenas isolados, ou seja, que não têm nenhum contato com a população não indígena. Ao todo, existem cerca de 700 TIs no Brasil, em diferentes fases do processo de regularização. Veja o gráfico.

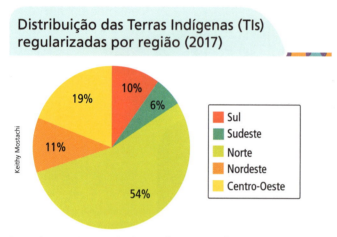

**Distribuição das Terras Indígenas (TIs) regularizadas por região (2017)**

- 10% Sul
- 6% Sudeste
- 54% Norte
- 11% Nordeste
- 19% Centro-Oeste

Keithy Mostachi

Fonte de pesquisa: Funai. Disponível em: <www.funai.gov.br/index.php/nossas-acoes/demarcacao-de-terras-indigenas>. Acesso em: 11 jan. 2018.

De acordo com a Constituição Federal vigente, os povos indígenas detêm o direito originário e o usufruto exclusivo sobre as terras que tradicionalmente ocupam.

[...]

Terras Indígenas tradicionalmente ocupadas. *Funai.* Disponível em: <http://www.funai.gov.br/index.php/indios-no-brasil/terras-indigenas>. Acesso em: 20 out. 2017.

No entanto, apesar do direito de demarcação de terras para a população indígena, vários povos ainda aguardam esse processo.

Além disso, os povos indígenas enfrentam graves ameaças e problemas nas TIs. Muitas terras são invadidas por garimpeiros, pescadores, fazendeiros, empresas madeireiras, etc., além de sofrerem efeitos negativos por causa da poluição dos rios, desmatamentos e queimadas.

Foto de aldeia do povo indígena kamayurá localizada no Parque Indígena do Xingu, Mato Grosso, em 2013.

Ezra Shaw/Getty Images

## Divirta-se e aprenda

### Diferentes formas de ver o mundo

Para os povos tikmu'un (também conhecidos como maxakali), uma das formas de manter sua cultura viva é por meio do canto. Os ancestrais desses povos já viviam no Brasil, muito antes de os portugueses chegarem.

Diversos conhecimentos dos tikmu'un são transmitidos de geração em geração por meio dos cantos. Além disso, com os cantos, eles também buscam explorar diferentes maneiras de perceber o mundo ao redor.

Você já imaginou como seria ver o mundo, as pessoas, as paisagens, etc. de outro ponto de vista?

Por exemplo, imagine acordar um dia e perceber que havia se transformado em um inseto, como uma formiga. Você passaria a interagir com o mundo ao seu redor de acordo com o corpo desse inseto, e não de um ser humano, não é mesmo? Você poderia andar pelas paredes, caminhar sobre lugares diferentes e ter experiências que seriam impossíveis com um corpo humano.

- Já imaginou? Agora, tente se colocar no lugar de uma planta ou de outro animal. Faça um desenho representando como você imagina que seria essa experiência. Depois de pronto, mostre o desenho para os colegas e conversem sobre a experiência de vocês.

Fonte de pesquisa: *Cantos tikmu'un para abrir o mundo*, de Rosângela Pereira de Tugny (Org.). Belo Horizonte: Editora UFMG, 2013. p. 19-20.

Rivaldo Barboza

# Pratique e aprenda

1. Compare o mapa apresentado na página **68** com um mapa que mostra a divisão política do Brasil atual. Depois, responda às questões a seguir.

   **a.** Quais povos indígenas habitavam a Região Nordeste do Brasil?

   _____

   _____

   **b.** Cite dois povos que habitavam as terras na Região Sul do Brasil.

   _____

   **c.** Cite dois povos indígenas que habitavam a Região Norte do Brasil.

   _____

   **d.** O estado em que você mora era habitado por povos indígenas no século 16? Em caso afirmativo, cite o nome desses povos.

   _____

2. Analise o gráfico a seguir. Ele apresenta dados da população indígena ao longo dos séculos, de acordo com o Censo do IBGE, realizado em 2010.

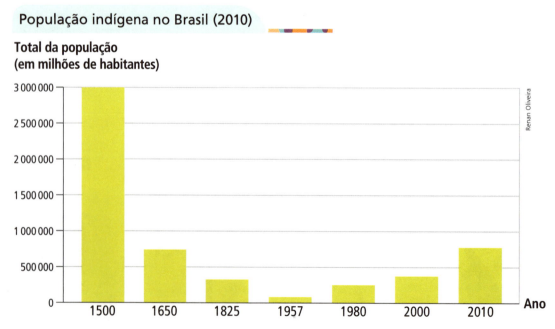

Fonte de pesquisa: Funai. Disponível em: <www.funai.gov.br/index.php/indios-no-brasil/quem-sao>. Acesso em: 11 jan. 2018.

- Agora, de acordo com o gráfico, marque um **X** nas alternativas corretas.

  ◯ É possível perceber que a população indígena diminuiu entre os anos de 1500 e 1957.

  ◯ Desde a chegada dos portugueses ao território do Brasil, a população indígena somente cresceu ao longo dos anos.

  ◯ No ano de 1957, a população indígena apresenta o maior número.

  ◯ A partir da década de 1980, a população indígena apresentou aumento considerável.

## Aprenda mais!

Ser indígena no Brasil na atualidade não significa necessariamente viver isolado nas matas, não usar vestimentas, não fazer uso de tecnologias, como computadores, celulares, etc. Muitos indígenas sofrem preconceito por mudarem aspectos de sua cultura.

Acesse o *site Instituto Socioambiental* e assista ao vídeo da campanha "#MenosPreconceitoMaisIndio". Por meio dessa campanha, o instituto tem como objetivo chamar a atenção das pessoas para o fato de que os indígenas também podem mudar ao longo das gerações, incorporando em sua cultura hábitos e tecnologias não indígenas, sem, no entanto, perder a identidade de seu povo tradicional, ou seja, sem deixar de ser indígenas.

<https://campanhas.socioambiental. org/maisindio>.

Acesso em: 16 out. 2017.

Ilustração: Barbara Sarzi. Fotografia: Hilch/Shutterstock.com/ID/BR

# Os africanos antes da chegada dos europeus

Nos séculos 15 e 16, a África abrigava uma grande diversidade de povos, organizados em aldeias, cidades, reinos e impérios.

Em algumas sociedades africanas, como a dos angicos, na atual República Democrática do Congo, e as da Ilha de São Tomé, na costa oeste da África, a agricultura era a principal atividade econômica. Entre os angicos, essa atividade era exercida geralmente pelas mulheres.

Na Ilha de São Tomé, um dos principais produtos originados da atividade agrícola era o óleo de dendê. A gravura ao lado, produzida no século 19, representa homens pisoteando o dendê para extrair seu óleo.

Outra atividade econômica bastante importante era o comércio. Na região do Sahel, por exemplo, havia cidades com grandes mercados, como o da cidade de Sokoto. Por esse mercado passavam caravanas de mercadores vindos de diferentes regiões da África, que negociavam seus produtos com os habitantes do local.

Gravura intitulada *O mercado de Sokoto*, produzida por Heinrich Barth em 1857.

**Sahel:** região do continente africano localizada ao sul do deserto do Saara. Atualmente, nessa região, estão localizados países como Mali, Níger e Senegal

Em muitas sociedades africanas, o conhecimento era transmitido por meio da oralidade. Mesmo com o domínio da escrita, muitos povos, como os da região do atual Mali, privilegiavam a transmissão de conhecimentos por meio da narrativa oral de contos, mitos e lendas.

Nessas sociedades, os principais responsáveis pela transmissão oral da memória coletiva eram os chamados **griôs**. Eles eram bastante respeitados, considerados homens sábios e portadores dos conhecimentos dos ancestrais.

Gravura do século 19 que representa um griô do Mali.

Os povos africanos tinham diferentes maneiras de se relacionar com a natureza. Os povos baúles, da atual região da Costa do Marfim, por exemplo, temiam a floresta e faziam rituais específicos aos deuses da mata para manterem uma convivência pacífica entre as forças da natureza e os seres humanos.

Muitas religiões tradicionais africanas baseavam-se nas forças da natureza, e diferentes divindades representavam os elementos naturais como a água, a terra e os animais. Os sacerdotes acreditavam que, por meio de rituais religiosos, podiam se comunicar com essas divindades para que interferissem no mundo dos humanos.

Já na região norte da África, algumas sociedades seguiam o islamismo, religião monoteísta criada pelo profeta árabe Maomé no século 7.

A música e a dança eram importantes nos rituais religiosos africanos e também como expressão artística. Essa gravura, de 1898, representa homens africanos tocando instrumentos musicais tradicionais.

# A escravidão tradicional na África

A escravidão era praticada em algumas sociedades tradicionais africanas. Até o século 15, a organização das sociedades ao sul do deserto do Saara, por exemplo, era baseada em relações de dependência entre seus membros. Os escravos eram, basicamente, considerados dependentes de seus senhores.

Uma pessoa podia ser escravizada por diversos motivos. Quando um povo perdia uma guerra, por exemplo, alguns de seus membros eram capturados para suprir as perdas da sociedade vencedora. Uma pessoa podia, ainda, ser condenada à escravidão por desrespeitar as leis de uma comunidade, ou ser emprestada temporariamente a outra sociedade como parte do pagamento de uma dívida.

O trabalho escravo era utilizado em diversas atividades, como na agricultura, na mineração e nas tarefas domésticas. Muitos escravos eram recrutados para lutar em guerras, alguns deles chegando a exercer cargos de confiança, como o comando de exércitos.

Gravura publicada no jornal Le Tour du Monde, de Paris, em 1864. Fotografia: ID/BR

Gravura de 1864 representando africanos aprisionados na região da Tanzânia.

No livro *A África, meu pequeno Chaka...*, de Marie Sellier, você vai conhecer um pouco mais a cultura africana por meio das histórias que o sábio vovô Dembo conta para o seu neto, o pequeno Chaka.

Quanto mais o avô conta sobre os valores de sua aldeia, formada ao redor de uma grande árvore chamada baobá, mais desperta a curiosidade do menino, que vai enchendo-o de perguntas.

Por meio da narrativa oral, Dembo transmite ao neto detalhes de sua religião, da culinária, das tradições e também das dificuldades que seu povo passava.

Mas, de todas as histórias que o pequeno Chaka ouve, a maior lição que aprende com o seu vovô é que a África tem todas as cores da vida.

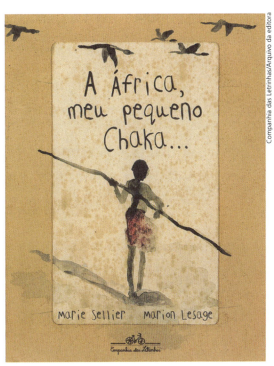

*A África, meu pequeno Chaka...*, de Marie Sellier. Tradução de Rosa Freire d'Aguiar. São Paulo: Companhia das Letrinhas, 2006.

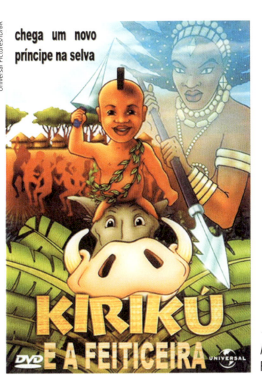

*Kirikú e a feiticeira* é uma animação que conta as aventuras vividas pelo pequeno Kirikú, uma criança muito inteligente que já nasce sabendo falar, andar e correr. Para salvar seu povo, Kirikú tem de enfrentar a malvada feiticeira Karabá, que engoliu os guerreiros de sua aldeia, secou sua fonte de água e tomou todo o ouro das mulheres. Por meio dessa história, você pode conhecer um pouco mais as lendas e contos de origem africana.

*Kirikú e a feiticeira*. Direção de Michel Ocelot. França, 2001 (71 min.).

## Pratique e aprenda

**1.** Pinte os quadrinhos que apresentam as frases corretas sobre as sociedades africanas dos séculos 15 e 16.

◯ O cotidiano em algumas cidades era movimentado, com grande circulação de pessoas e de mercadorias.

◯ O islamismo, religião árabe, era a única religião existente no continente africano nos séculos 15 e 16.

◯ Alguns povos como os baúles faziam rituais específicos aos deuses da
mata para manterem uma convivência pacífica entre as forças da natureza e os seres humanos.

◯ Em algumas sociedades africanas, como a dos angicos, as atividades
agrícolas eram geralmente exercidas pelas mulheres.

**2.** Escreva um pequeno texto sobre a escravidão tradicional na África.
Para compor seu texto, utilize as informações da página **78**.

_____

_____

_____

_____

_____

**3.** Agora, escreva um pequeno texto sobre a diversidade religiosa no
continente africano entre os séculos 15 e 16.

_____

_____

_____

_____

_____

**4.** Qual era a importância da oralidade para povos africanos como os da região do atual Mali?

_____

_____

_____

_____

**5.** Explique quem eram os griôs.

_____

_____

_____

_____

_____

## Para fazer juntos!

Os africanos mantiveram muitos de seus costumes e tradições, entre eles, o hábito de contar histórias, transmitir conhecimentos por meio da oralidade. Essa função, que era desempenhada pelos griôs, atualmente faz parte da cultura brasileira.

Com os colegas, realizem uma pesquisa sobre os griôs no Brasil atual. Procurem descobrir que funções desempenham, quais são suas áreas de atuação e de que maneira preservam as tradições africanas. Escrevam um texto com os resultados da pesquisa e apresentem-no aos colegas.

Bruno Figueiredo/Folhapress

Foto do contador de histórias brasileiro Roberto Carlos Ramos, tirada em 2009.

# Sociedades africanas

Vimos que entre os séculos 15 e 16 as sociedades africanas se desenvolveram e se organizaram de diferentes maneiras. Além disso, podemos perceber que, assim como hoje, o continente africano abrigava grande diversidade cultural e política em seu território.

Alguns reinos e impérios africanos chegaram a se formar ainda no século 5. Observe o mapa a seguir e conheça alguns deles e suas principais características.

### Povos nômades

A região do deserto do Saara era habitada por diversos povos, entre eles os berberes e os tuaregues. Esses povos eram grandes comerciantes e, por meio das trocas de mercadorias com outros povos, promoveram intenso intercâmbio cultural entre diferentes regiões do continente.

### Império do Mali

Esse império se desenvolveu na mesma região que o império de Gana, porém, o Império de Mali dominou uma parte mais extensa do território.

Durante dois séculos, foi um dos impérios mais ricos da região, controlando o comércio nas rotas que cruzavam o deserto, até seu declínio, no século 15.

### Reino do Congo

O Reino do Congo foi fundado entre os séculos 13 e 14. Reunia diversas aldeias, governadas pelo *manicongo*, que centralizava o poder.

Durante o século 15, o Reino do Congo estabeleceu relações comerciais com os portugueses, o que influenciou diversos aspectos da sociedade congolesa, principalmente na religiosidade. Assim, o rei do Congo converteu-se ao cristianismo e difundiu essa religião por todo o reino.

Mar Mediterrâneo

Mar Vermelho

OCEANO ATLÂNTICO

Tombuctu

**GANA**

Koumbi Saleh

Jéné

Gaô

**CANEM**

**HAUÇÁS**

**IORUBÁS**

Ifé

Rio Níger

Rio Benue

Benin

Rio Congo

Rio Nilo

Banza Congo

**CONGO**

Monomotapa

**ZIMBÁBUE**

Grande Zimbábue

30° L

Fonte de pesquisa: *World History Atlas*, de Jeremy Black (Ed.). Londres: Dorling Kindersley, 2005. p. 62.

## Império Songai

Após o enfraquecimento do Império do Mali, o povo songai passou a dominar a região do rio Níger.

Assim, no século 15, formou-se o Império Songai, com a capital na cidade de Gaô.

Com a expansão das atividades comerciais, alguns núcleos urbanos se desenvolveram cada vez mais. Tombuctu, por exemplo, uma das principais cidades do Império Mali, teria alcançado cerca de 80 mil habitantes nesse período.

## Império de Gana

Viajantes da época relataram a riqueza desse reino, o qual chamavam "terra do ouro", por causa da grande quantidade de ouro que era extraída do território.

A atividade comercial com outros povos contribuiu para a formação do Reino de Gana, a partir do século 5. O comércio proporcionou grandes riquezas, até que, por volta do século 11, esse reino perdeu sua força e se fragmentou.

## Reinos iorubás

Os reinos iorubás se desenvolveram principalmente a partir do século 10 e eram formados por dezenas de cidades, entre elas Oyo, Benin e Ifé.

Ifé era a principal cidade, sendo considerada sagrada. Era nela que vivia o *oni*, chefe de todos os outros líderes das cidades, os *obás*.

Além de realizar atividades comerciais, os iorubás também desenvolveram técnicas tradicionais de metalurgia, destacando-se na produção de esculturas e relevos utilizando metais como o ferro.

*Equador* ₀°

## OCEANO ÍNDICO

## Reino do Monomotapa

Esse reino formou-se a partir do século 11, com a chegada dos povos xonas no atual Zimbábue.

Os habitantes desse império praticavam o comércio, a agricultura e a criação de animais.

Entre os séculos 12 e 14, eles construíram a cidade do Grande Zimbábue, que foi cercada com uma enorme muralha de pedras. Suas ruínas ainda podem ser vistas na região.

Mali (séc. 13)
Songai (séc. 15)

0    470 km

Keithy Mostachi

## Pratique e aprenda

**1.** Complete as frases a seguir com as palavras abaixo.

> Songai ▪ Gana ▪ Congo ▪ iorubás ▪ Zimbábue

**a.** O Grande _____ foi uma cidade construída pelo povo xona, que formou o Reino de Monomotapa.

**b.** Os reinos _____ eram formados por várias cidades, cada uma delas governada por um líder, o *obá*.

**c.** Formado a partir do século 15, o Reino de _____ estabeleceu sua capital na cidade de Gaô.

**d.** Chamado por viajantes na época de "terra do ouro", o Reino de

_____ era conhecido por suas riquezas.

**e.** O _____ foi um importante reino que teve como característica o contato comercial com portugueses e a influência do cristianismo.

**2.** Leia as frases sobre as sociedades africanas e assinale **V** para as afirmações verdadeiras e **F** para as falsas.

( ) Todos os reinos e impérios africanos partilhavam da mesma cultura, sendo bastante semelhantes entre si.

( ) As trocas comerciais foram muito importantes para a formação de diversos reinos, entre eles, o de Gana e o de Mali.

( ) Diversas cidades africanas eram bastante desenvolvidas, chegando a atingir uma população de aproximadamente 80 mil habitantes, como Tombuctu, do Império Mali.

( ) As sociedades africanas não conheciam o uso da metalurgia, utilizando apenas técnicas de cerâmica.

## Para fazer juntos!

A cultura de povos nômades do deserto, como os tuaregues, continua bastante presente até a atualidade.

Em grupo, pesquisem informações sobre o modo de vida desses povos. Sigam o roteiro.

Foto de homem do povo tuaregue com seu camelo, no Marrocos, em 2015.

1. Pesquisem em livros, jornais e revistas (impressas ou digitais) sobre os tuaregues na atualidade.

2. Procurem identificar os locais habitados por esses povos. Eles têm dificuldades para manter suas tradições? Em caso afirmativo, quais são essas dificuldades?

3. Investiguem alguns aspectos de sua cultura atual, por exemplo, a música.

4. Depois, produzam cartazes utilizando as informações encontradas. Se possível, ilustrem-nos com imagens sobre o tema.

Quando os cartazes estiverem prontos, façam uma exposição na sala de aula ou em outro local da escola.

## Ponto de chegada

1. Nesta unidade, conhecemos diversos povos e civilizações de diferentes regiões. O que mais lhe chamou a atenção em relação a eles? Justifique.

2. Reveja a sua resposta para a questão **3** da página **45**. Após finalizar esta unidade, você acha que ela seria diferente? Explique.

3. Reflita sobre os temas estudados nesta unidade. Você encontrou alguma dificuldade durante os estudos? Quais os motivos? Caso você tenha tido dificuldades, como procurou resolvê-las?

Acervo Artístico-Cultural dos Palácios do Governo do Estado de São Paulo, São Paulo. Fotografia: Romulo Fialdini/Tempo Composto

Operários, de Tarsila do Amaral. Óleo sobre tela, 150 cm x 205 cm. 1933.

## Ponto de partida

1. Qual a relação da pintura apresentada com o título desta unidade?

2. Quem é a autora da pintura? Quando ela foi produzida?

3. Como podemos definir a composição étnica do povo brasileiro na atualidade? Quais são suas origens?

# A necessidade de colonizar

No início do século 16, os portugueses passaram a explorar as riquezas naturais do Brasil. Contudo, espanhóis, holandeses e, principalmente, franceses, também promoveram nessa época viagens marítimas ao território, realizando trocas de produtos com indígenas, abastecendo seus navios com pau-brasil e outros produtos de valor comercial para os europeus.

De acordo com o **Tratado de Tordesilhas**, assinado pelos reis de Portugal e da Espanha, as terras indígenas deveriam ser divididas entre portugueses e espanhóis. Entretanto, os demais reis europeus contestavam as determinações desse tratado.

O rei francês Francisco I, por exemplo, questionou:

> [...] "O sol brilha para mim como para todos os outros: eu gostaria de ver a cláusula do testamento de Adão que me exclui da divisão do mundo".

Prefácio, de Leonardo Boff. *Canibais no Paraíso*: A França Antártica e o Imaginário Europeu Quinhentista, de Júlio Bandeira. Rio de Janeiro: Mar de Ideias Navegação Cultural, 2006. p. 9.

Pintura de cerca de 1530 representando o rei da França Francisco I. Óleo sobre carvalho, 96 cm x 74 cm.

## O Tratado de Tordesilhas

O Tratado de Tordesilhas foi assinado em 1494. Esse tratado estabelecia uma linha imaginária localizada a 370 léguas a oeste das ilhas de Cabo Verde. As terras situadas a leste dessa linha seriam de Portugal e as terras a oeste seriam da Espanha.

Tratado de Tordesilhas (1494)

EUROPA

Açores

Madeira

Canárias

ÁFRICA

AMÉRICA

Ilhas de Cabo Verde

Equador

Tratado de Tordesilhas (7 de junho de 1494)

OCEANO ATLÂNTICO

0°

Meridiano de Greenwich

OCEANO PACÍFICO

0°

0    2145 km

Edson Bellusci

Fonte de pesquisa: *Navegantes, bandeirantes, diplomatas*, de Synerio S. Goes Filho. São Paulo: Martins Fontes, 1999. p. 45.

**légua:** medida de distância que equivale a cerca de 6,5 quilômetros

# A ocupação do território

A Coroa portuguesa, sentindo-se prejudicada com a presença de outros europeus no Brasil, organizou algumas expedições marítimas com o objetivo de expulsá-los da região. Por volta de 1530, decidiu iniciar a colonização do território e assim garantir sua posse para o Reino de Portugal.

Gravura do século 16, de Théodore de Bry, que representa um combate naval entre portugueses e franceses no litoral do Brasil.

A primeira expedição colonizadora enviada ao Brasil foi comandada por Martim Afonso de Souza. Ele fundou, em 1532, a vila de São Vicente, no litoral do atual estado de São Paulo.

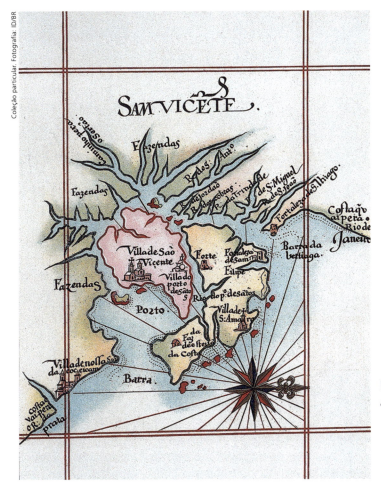

Para tornar as terras produtivas e obter lucros para a Coroa, foram estabelecidos engenhos para a produção de açúcar. Em São Vicente, foram construídos os primeiros engenhos.

Naquela época, o açúcar era um produto muito valorizado na Europa, e sua produção e comercialização rendiam altos lucros para a Coroa portuguesa.

Mapa do século 16 representando a vila de São Vicente.

# Quem eram os colonizadores?

Pessoas de diversas condições sociais e econômicas de Portugal participaram das primeiras expedições colonizadoras. Observe.

Além dos membros da tripulação, as embarcações levavam muitos **militares**, encarregados de manter a segurança dos colonizadores durante a viagem e também na Colônia.

Os **fidalgos**, que eram pessoas que obtinham títulos de nobreza em Portugal, eram nomeados pelo rei para ocupar algum cargo importante na administração ou para tomar posse de terras na Colônia.

Havia também muitos **funcionários do governo**, encarregados de manter a organização administrativa na Colônia, como juízes e escrivães.

**Religiosos**, como padres jesuítas, exerciam um importante papel no projeto colonizador português. Eles impunham a religião católica e ensinavam os hábitos e os costumes europeus aos indígenas.

Havia muitos **aventureiros** europeus que viajavam em busca de riquezas e oportunidades. Vários se relacionavam com os indígenas e se estabeleciam na Colônia.

Gravura de Théodore de Bry publicada no livro Americae Tertia Pars, de 1593 e digitalizada pela online at Library of Congress. Fotografia: ID/BR

Gravura do século 16, produzida por Théodore de Bry, que representa a partida de embarcações do porto de Lisboa, em Portugal, para o Brasil.

## Pratique e aprenda

**1.** O mapa ao lado apresenta informações sobre as primeiras vilas e cidades brasileiras, assim como as áreas de cultivo de cana-de-açúcar no Brasil por volta de 1580. Observe-o atentamente e depois responda às questões.

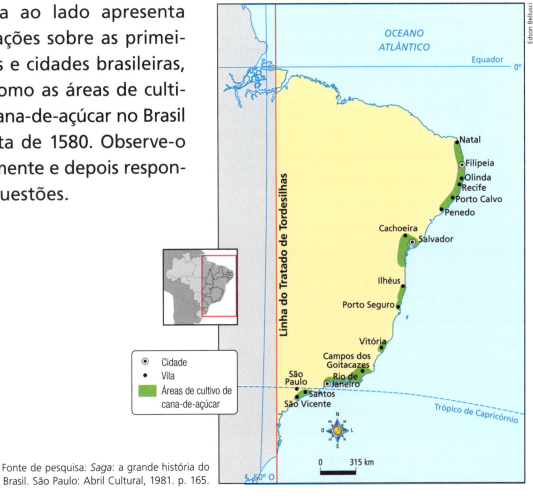

Cidades, vilas e áreas de cultivo de cana-de-açúcar no Brasil (1580)

Fonte de pesquisa: *Saga*: a grande história do Brasil. São Paulo: Abril Cultural, 1981. p. 165.

**a.** Quantas vilas existiam no Brasil por volta de 1580?

_____

**b.** Qual era o nome das cidades daquele período?

_____

_____

**c.** No século 16, as vilas e cidades brasileiras se concentravam nas regiões de litoral. Em sua opinião, por que isso acontecia?

_____

_____

_____

**2.** Leia o texto a seguir e depois responda às questões.

> [...]
>
> Se a mulher desempenhou em todas as civilizações o papel de provedora de alimentos da família e de responsável pela organização doméstica, nos primeiros tempos da colonização, em virtude da falta de mulheres brancas, as índias assumiram seu lugar, ensinando a socar o milho, a preparar a mandioca, a trançar as fibras, a fazer redes e a moldar o barro. [...]
>
> Famílias e vida doméstica, de Leila Mezan Algranti. Em: *História da vida privada no Brasil*. São Paulo: Companhia das Letras, 1997. v. 1. p. 120.

**a.** Quem eram as mulheres brancas citadas no texto?

_____

**b.** Atualmente, no Brasil, o trabalho feminino está associado apenas à vida doméstica? Que profissões são exercidas por mulheres hoje?

_____

_____

## Aprenda mais!

A coleção *Um pé de quê?* é baseada em um programa de televisão com o mesmo nome. Um dos livros dessa coleção, *Pau-Brasil*, conta a história dessa árvore, que está relacionada à história de nosso país.

O livro volta ao passado para nos contar a origem e a importância que essa árvore adquiriu ao ser encontrada pelos portugueses no Brasil, no século 16.

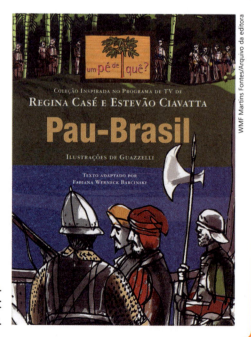

*Pau-Brasil*, de Regina Casé e Estevão Ciavatta. Adaptação de Fabiana Werneck Barcinski. São Paulo: WMF Martins Fontes, 2010. (Um pé de quê?).

## Divirta-se e aprenda

### Quem sou eu?

Essa brincadeira consiste na adivinhação dos diferentes personagens históricos estudados até agora nesta unidade. Para brincar de "Quem sou eu?" precisa-se de, no mínimo, dois participantes. Além disso, você vai precisar de:

### Materiais:

- pedaços pequenos ou médios de papel sulfite
- caneta, caneta hidrocor ou giz de cera
- fita adesiva

### Passo a passo:

**a.** Organizem grupos de até três pessoas. Cada grupo deve formar um círculo.

**b.** Os membros dos grupos devem escrever o nome dos diferentes tipos de colonizadores que estudamos na página **90** (militar, fidalgo, funcionário do governo, religioso e aventureiro), cada um deles em um pedaço de papel sulfite, formando cartões.

**c.** Esses cartões devem ser embaralhados com os nomes escritos virados para baixo. Depois, cada membro do grupo deve retirar um cartão, sem olhar o que está escrito.

**d.** Cada aluno deve pegar um pedaço de fita adesiva e colar o cartão com o nome em sua testa, de modo que o nome seja visível para todos, menos para ele mesmo.

Iniciem o jogo. A cada rodada, um integrante do grupo pode fazer uma pergunta para os demais, para tentar descobrir que colonizador ele é. As perguntas devem ser respondidas somente com "sim" ou "não". Ganha quem descobrir primeiro qual é o seu personagem.

# A administração colonial

Para organizar a ocupação e a administração do Brasil, a forma encontrada pelo governo português foi a divisão do território em grandes lotes de terras, as chamadas **capitanias hereditárias**.

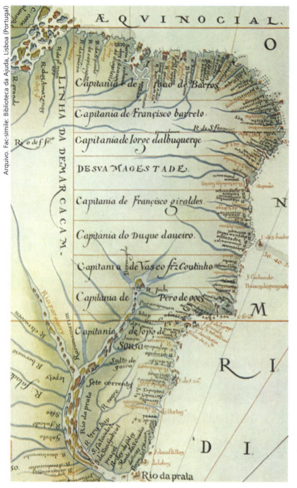

As capitanias hereditárias eram cedidas pelo governo português aos **donatários**, que geralmente eram pessoas de origem portuguesa, com títulos de nobreza e indicadas pelo rei. Ao tomar posse de uma capitania, era dever de um donatário proteger o território de invasões de outros reinos e de ataques de indígenas hostis à presença portuguesa.

Além disso, o donatário deveria tornar a capitania produtiva, distribuir sesmarias aos colonos, administrar a cobrança de impostos, impor a lei e aplicar a justiça, punindo ou condenando os colonos quando julgasse necessário.

Mapa do século 16 representando a divisão do território brasileiro em capitanias hereditárias.

## Dom João III

Em 1530, o rei português D. João III autorizou Martim Afonso de Sousa a doar sesmarias aos colonos para que pudessem ocupar o território brasileiro e torná-lo produtivo. Em 1532, o rei instituiu as capitanias hereditárias. Por essas medidas, ele ficou conhecido como "rei colonizador".

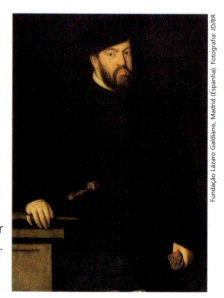

Retrato de D. João III, produzido por Antonis Mor em cerca de 1550. Óleo sobre tela, 101 cm × 81 cm.

**sesmarias:** grandes extensões de terras não exploradas

Os donatários tiveram dificuldades para manter suas capitanias produtivas e protegidas. A resistência constante dos povos indígenas era uma das questões que dificultava a permanência do sistema de capitanias. Donatários como Duarte Coelho, da Capitania de Pernambuco, conseguiam manter uma produção regular de açúcar, mas com problemas, como podemos ver na carta que ele enviou ao rei de Portugal no ano de 1546.

[...]

E porque as fazendas, em especial dos engenhos, por estarem espalhadas e não juntas e os que vêm a fazer estes engenhos não vêm como homens poderosos para resistir, mas para fazerem seus proveitos e para eu os haver de amparar e defender, como cada dia faço — mas quem, senhor, terá tanto dinheiro para pólvora [...] e artilharia e armas e as outras coisas necessárias — digo, senhor, que é muito necessário remediar Vossa Alteza [...].

Documentos do Brasil Colonial, de Inês da Conceição Inácio e Tania Regina de Luca. São Paulo: Ática, 1993. p. 49.

Gravura produzida por Théodore de Bry, em 1592, representando a resistência indígena à invasão de seu território pelos europeus.

# O governo-geral

Por causa das diversas dificuldades enfrentadas pelos donatários, a Coroa portuguesa decidiu implantar no Brasil outra forma de administração, denominada governo-geral. O primeiro governador-geral, Tomé de Sousa, chegou ao Brasil em 1549.

*Chegada de Tomé de Sousa à Bahia*, de Alphonse Beauchamps. Gravura produzida no século 19, que representa a chegada de Tomé de Sousa e sua comitiva à Bahia, em 1549.

Leia o texto.

[...]

A instituição do governo-geral iria representar um passo importante na organização administrativa da colônia. Tomé de Sousa [...] chegou à Bahia acompanhado de mais de mil pessoas, inclusive quatrocentos degredados, trazendo com ele longas instruções por escrito. As instruções revelavam o propósito de garantir a posse territorial da nova terra, colonizá-la e organizar as rendas da Coroa. Foram criados alguns cargos para o cumprimento dessas finalidades, sendo os mais importantes o de ouvidor, a quem cabia administrar a justiça, o de capitão-mor, responsável pela vigilância da costa, e o de provedor-mor, encarregado do controle e crescimento da arrecadação.

[...]

Vinham com o governador-geral os primeiros jesuítas — Manuel da Nóbrega e cinco companheiros —, com o objetivo de catequizar os índios [...].

*História concisa do Brasil*, de Boris Fausto. São Paulo: Edusp/Imprensa Oficial do Estado, 2002. p. 20.

catequizar: converter à religião católica
degredados: pessoas condenadas a viver fora de seu país

Exercendo o papel de governador-geral, Tomé de Sousa passou a representar a maior autoridade portuguesa na Colônia. Uma das suas primeiras atribuições foi fundar uma cidade para ser a sede do governo-geral. O lugar escolhido foi uma colina à beira-mar. Nascia, então, a cidade de **Salvador**, localizada no atual estado da Bahia.

Leia o texto abaixo, que trata das ordens do rei D. João III que orientaram Tomé de Sousa na construção de Salvador.

[...] Ordenei ora de mandar nas ditas terras fazer uma fortaleza, povoação grande e forte em lugar conveniente [...] para dela se proverem as outras capitanias [...] e deve ser feita em sítio sadio de bons ares e que tenha abundância de água [...] e por ser informado que a Baía de Todos os Santos é o lugar mais conveniente da Costa do Brasil [...] pela disposição do porto e rios que nela entram, como pela bondade, abundância e saúde da terra; ei por meu serviço que na dita baía se faça a dita povoação e para isto vá uma armada, com gente, artilharia, armas e munições [...] e ei por bem vos nomear governador das ditas terras do Brasil.

Anais do Arquivo Público do Estado da Bahia. Bahia: Imprensa Oficial, 1971, v. 1, p. 135.
Em: *Salvador, capital da colônia*, de Avanete Pereira Souza. São Paulo: Atual, 1995. p. 5.

Mapoteca do Itamaraty, Rio de Janeiro (RJ). Fotografia: ID/BR

*Planta da Restituição da Bahia*, gravura do século 17, produzida por João Teixeira Albernaz I, representando a cidade de Salvador.

## Pratique e aprenda

**1.** De acordo com o texto da página **95**, responda às questões.

**a.** Quais são as principais dificuldades listadas por Duarte Coelho na carta?

_____

_____

_____

_____

_____

**b.** Que pedido Duarte Coelho fez ao rei para solucionar as dificuldades? Marque um **X** na resposta correta.

◯ Solicitou que mais homens fossem enviados para defender os engenhos.

◯ Ele solicitou dinheiro para comprar pólvora, artilharia e outras coisas necessárias.

◯ Pediu que o rei lhe enviasse dinheiro para que pudesse construir diversas fortalezas próximas aos engenhos.

**c.** Quais termos Duarte Coelho utilizou para descrever as suas responsabilidades em relação à população que habitava a capitania de Pernambuco? Marque um **X** na resposta correta.

◯ Atacar e defender.

◯ Amparar e atacar.

◯ Amparar e defender.

**d.** Contra quem Duarte Coelho estava encontrando dificuldades de defender a população de sua capitania? Marque um **X** na resposta correta.

◯ Contra os donos dos engenhos.

◯ Contra os indígenas.

◯ Contra os portugueses.

**2.** O que eram as capitanias hereditárias?

_____

_____

_____

**3.** Quais eram os deveres dos donatários?

_____

_____

_____

_____

_____

_____

**4.** O que levou a Coroa portuguesa a instalar o governo-geral no Brasil?

_____

_____

_____

_____

# As estratégias de dominação

Desde sua chegada ao Brasil, os portugueses dependeram do trabalho indígena. Os indígenas realizavam diferentes tarefas para os europeus, como caçar, pescar, transportar mercadorias e pessoas, e extrair o pau-brasil.

No entanto, esse não era o único tipo de relação. Ao longo dos anos, a convivência entre os indígenas e europeus sofreu mudanças.

## A escravização

No início da colonização, com a crescente necessidade de trabalhadores para as lavouras de cana e os engenhos de açúcar, os europeus passaram a capturar indígenas para realizar os trabalhos agrícolas na condição de escravos.

Essa situação gerou grandes conflitos entre indígenas e colonizadores. Os indígenas não aceitavam a rotina de trabalho imposta pelos europeus e procuraram resistir à escravidão. Mesmo assim, muitos foram submetidos ao trabalho escravo.

Na condição de escravos, os indígenas sofriam castigos físicos e ficavam sujeitos a longas e exaustivas jornadas de trabalho.

The Stapleton Collection/Bridgeman Images/Fotoarena

Imagem que representa indígenas capturados para trabalhar como escravos. Gravura produzida no século 19 por Johann Baptist Ritter Von Spix e Carl Friedrich Philipp Von Martius.

# A catequização

Uma das atribuições de Tomé de Sousa como governador-geral era incentivar a catequização dos indígenas. Os padres jesuítas, que vieram para a Colônia com o objetivo de difundir o catolicismo, passaram a reunir indígenas de diferentes povos nos aldeamentos, também conhecidos como **missões**. Leia o texto a seguir.

[...]

Reunidos nos aldeamentos, a vida cotidiana dos índios foi completamente remodelada [...]. No lugar da moradia conjunta, os índios foram obrigados a residir em casas que **compartimentavam** as famílias. Em vez da vida ritmada pela natureza, passaram a se submeter ao tempo tal como o concebiam os europeus [...].

A vida nos aldeamentos obedecia, diariamente, a uma rotina. De madrugada os sinos tocavam, chamando as mulheres para a instrução religiosa. Depois vinha o trabalho na confecção de tecidos e roupas. Em seguida, vinham os meninos para aprender a ler e a escrever, recebendo também as lições de **doutrina**. [...]

*O índio e a conquista portuguesa*, de Luiz Koshiba. São Paulo: Atual, 1994. p. 63 (Discutindo a história do Brasil).

**compartimentavam:** dividiam, separavam
**doutrina:** neste caso, conjunto de ideias, princípios ou conceitos em que se baseia a religião católica

Bojan Brecelj/Corbis Historical/Getty Images

Desenho de Florian Paucke, feito no século 18, representando a construção de uma missão jesuítica na América do Sul.

## As "guerras justas"

No ano de 1570, o governo português proibiu a captura de indígenas para o trabalho escravo nos engenhos de açúcar. No entanto, vários colonos não respeitavam essa determinação e realizavam as chamadas "guerras justas".

As "guerras justas" eram feitas contra os povos indígenas que não aceitavam a conversão ao catolicismo ou que eram hostis à presença europeia. Sob o pretexto de estar se defendendo, muitos colonos continuaram a capturar indígenas e a obrigá-los a realizar trabalhos na condição de escravos.

## Que curioso!

Existem grupos indígenas que não têm nenhum tipo de contato com o restante da população do Brasil. Esses grupos são conhecidos como indígenas isolados.

Estudos indicam que atualmente existem cerca de 30 grupos isolados. Alguns deles já tiveram contato com a sociedade formada a partir da chegada dos europeus ao atual território brasileiro, mas, por algum motivo, escolheram se isolar.

Para se proteger e evitar o contato com a sociedade não indígena, muitos grupos precisam se deslocar com frequência, buscando as condições ideais para sua sobrevivência.

Gleison Miranda/Funai/Survival/dapd/Glow Images

Foto de um grupo de indígenas isolados no Brasil, próximo à fronteira com o Peru, no ano de 2009.

## Pratique e aprenda

**1.** De acordo com as informações e o texto da página **101**, responda às questões a seguir.

**a.** O que eram as missões?

_____

_____

_____

**b.** Ao afirmar que "a vida cotidiana dos indígenas foi totalmente remodelada", quais são as mudanças que o autor do texto cita?

_____

_____

_____

_____

**c.** Cite quais atividades faziam parte da rotina nos aldeamentos.

_____

_____

_____

**2.** O que eram as chamadas "guerras justas"? Marque um **X** na resposta correta.

○ Eram guerras feitas contra os povos indígenas que não aceitavam a conversão ao catolicismo e a presença europeia em seu território.

○ Eram guerras promovidas por um povo indígena contra outro povo indígena.

○ Eram guerras promovidas pelos povos indígenas contra os europeus, com a intensão de expulsá-los de seus territórios.

**3.** No Brasil, atualmente, existem vários grupos indígenas que vivem isolados. Pesquise em jornais, revistas e na internet informações sobre esses povos. Registre em seu caderno as informações que você descobrir e compartilhe com os colegas.

**4.** Observe a imagem a seguir, que mostra o padre jesuíta Antônio Vieira (1608-1697) junto a dois indígenas. Em seguida, responda às questões.

Arquivo Histórico Ultramarino, Lisboa (Portugal). Fotografia: ID/BR

*O padre Antônio Vieira*, de C. Legrand. Litografia produzida no século 19.

**a.** Que situação essa gravura representa?

_____

_____

**b.** Quais personagens foram representados pelo artista em posição de submissão?

_____

**c.** Por que esses personagens foram representados dessa maneira?

_____

_____

_____

# Lutar e resistir

Os povos indígenas reagiram à ocupação de suas terras e à escravização pelos colonizadores de diversas maneiras.

Leia o texto a seguir.

[...] Enquanto se apresentavam como visitantes ocasionais que trocavam presentes, os portugueses foram bem recebidos e tolerados. Quando, porém, estabeleceram-se definitivamente com a agricultura de exportação do açúcar [...], passaram a escravizá-los, os índios se revoltaram. Descontentes, queimaram engenhos, acabaram com roças e povoados, obrigando os portugueses a recuar e fugir.

As revoltas indígenas destruíram os núcleos fundados pelos donatários do Espírito Santo, Ilhéus, Porto Seguro, Bahia e ameaçaram seriamente os de Pernambuco e São Vicente. [...]

Um dos grandes objetivos da vinda de Tomé de Sousa ao Brasil era sufocar a resistência indígena, submeter os nativos à força, destruindo aldeias, matando e escravizando o quanto fosse necessário para castigar os revoltosos e, por meio do exemplo, atemorizar os outros. [...]

*O Brasil que os europeus encontraram*: a natureza, os índios, os homens brancos, de Laima Mesgravis e Carla Bassanezi Pinsky. São Paulo: Contexto, 2000. p. 83.

Coleção particular. Fotografia: Look and Learn/Bridgeman Images/Fotoarena

Muitos indígenas não aceitaram passivamente a ocupação de suas terras e, em vários momentos, lutaram para defender seus territórios. Esta pintura, produzida no século 20, representa indígenas xavante defendendo seu território de invasores.

Além de entrar em conflito direto com os europeus, muitos povos indígenas procuraram resistir à dominação por meio da manutenção de seus costumes, como a realização de festas e rituais, ou suas práticas de caça e pesca.

Observe as imagens.

*Dança dos Tapuias*, de Albert Eckhout. Óleo sobre tela, 172 cm x 295 cm. A imagem acima, produzida no século 17, representa indígenas Tapuia realizando uma dança típica de sua cultura.

*Família de indígenas Botocudo*, litografia colorida de Maximilian von Wied-Neuwied produzida no século 19. Os indígenas também preservaram seu modo de caçar e pescar.

# Os povos indígenas e a Constituição de 1988

Desde a colonização até os dias de hoje, a situação dos povos indígenas no Brasil passou por diversas transformações. Em 1988, com a aprovação da atual Constituição brasileira, foram garantidos aos indígenas vários direitos, como o de preservar sua cultura e o de viver nas terras tradicionalmente ocupadas pelos seus ancestrais.

Entretanto, até a atualidade, muitos povos indígenas estão envolvidos em questões de posse de suas terras e ainda lutam pela garantia de seus direitos.

Faixa fixada por indígenas, em 2008, durante uma reivindicação pela garantia da posse de suas terras na reserva Raposa Serra do Sol, no estado de Roraima.

Sergio Lima/Folhapress

## Fazendo história

### Sônia Guajajara

Uma das principais lideranças indígenas no Brasil, na atualidade, é Sônia Guajajara. Nascida em uma aldeia do povo Guajajara, no Maranhão, precisou deixar sua terra natal para continuar os estudos no meio urbano.

Longe de sua aldeia, percebeu que os povos indígenas sofriam preconceito e que seus direitos não eram respeitados. Dessa maneira, ela passou a atuar em favor das causas indígenas.

Sônia atuou por vários anos na Coordenação das Organizações Indígenas da Amazônia Brasileira e na Articulação dos Povos Indígenas do Brasil, participando de debates e conferências pelo mundo para valorizar a sua cultura e a de outros povos indígenas, como uma forma de combater o preconceito e valorizar a diversidade.

## Pratique e aprenda

1. Qual foi a reação dos povos indígenas ao serem escravizados pelos portugueses?

_____

_____

_____

2. De que maneira os indígenas resistiram à dominação cultural durante a colonização?

_____

_____

_____

3. Leia o texto e depois responda às questões.

Terras Indígenas são territórios legalmente demarcados pelo Estado brasileiro. Isso quer dizer que o Estado brasileiro tem por obrigação protegê-los, sendo assim não é permitida a entrada de não indígenas nessas terras, a não ser com a autorização da comunidade indígena ou da Funai [Fundação Nacional do Índio].

[...]

Terras indígenas. *Povos indígenas no Brasil mirim* – Instituto Socioambiental. Disponível em: <http://pibmirim.socioambiental.org/terras-indigenas>. Acesso em: 29 dez. 2017.

a. O que são Terras Indígenas? Por que elas são importantes?

_____

_____

_____

_____

**b.** Qual a responsabilidade do Estado brasileiro em relação às Terras Indígenas? Marque um **X** na resposta correta.

◯ Não possui qualquer tipo de responsabilidade sobre as Terras Indígenas.

◯ É responsável por demarcar e defender as Terras Indígenas.

◯ É responsável por desmatar e cultivar as Terras Indígenas.

**c.** Em sua opinião, o direito indígena sobre a posse de suas terras, garantido pela Constituição de 1988, é respeitado? Por quê?

_____

_____

_____

_____

**4.** Pesquise informações que envolvam os povos indígenas e a luta por seus direitos no Brasil, na atualidade. Consulte notícias divulgadas em revistas, jornais e na internet. Anote os resultados de sua pesquisa no caderno e depois converse com o professor e os colegas.

### Aprenda mais!

O *site* Índio Educa traz diversas informações sobre povos indígenas que vivem no Brasil.

O *site* conta com textos, fotos e vídeos produzidos por indígenas de diferentes etnias, valorizando a diversidade cultural de seus povos, visando combater o preconceito e a discriminação que muitos sofrem ainda hoje.

<www.indioeduca.org>.

Acesso em: 12 jan. 2018.

Índio Educa/Fac-símile: ID/BR

# A economia colonial e o trabalho escravo

Em meados do século 16, a produção de açúcar começou a gerar cada vez mais lucros para os portugueses. O pau-brasil continuou sendo extraído e enviado para a Europa, mas o açúcar se tornou a principal riqueza econômica produzida na Colônia.

Os donatários que recebiam as capitanias do governo português deveriam manter as terras produtivas, além de povoar o território. Para o trabalho nas lavouras, optou-se pela utilização de mão de obra de pessoas escravizadas. Em diferentes regiões da Colônia, utilizou-se a mão de obra de indígenas e de africanos escravizados. No entanto, a escravização de africanos foi a que se tornou predominante no território. Leia o texto a seguir.

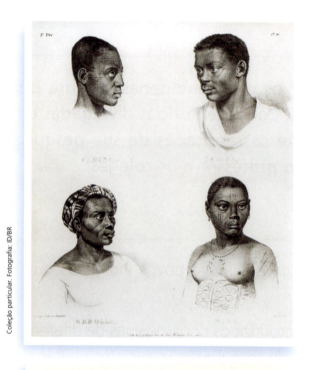

Litogravura de Rugendas, do século 19, representando africanos escravizados oriundos de diferentes regiões da África.

[...]

Calcula-se que, desde a primeira metade do século 16 até 1850, quando o **tráfico** de escravos foi proibido, cerca de 4 milhões de africanos escravizados [foram trazidos] para o Brasil. Eram pessoas de lugares e grupos bem diferentes, que traziam consigo diversas interpretações sobre a origem do mundo, religiosidade, vivência familiar, modos de vestir e de se relacionar com os outros. Tinham, enfim, uma cultura rica, complexa e diversificada. Afinal, no grande continente que é a África viviam povos com tradições, formas de organização social e política próprias. [...]

*Uma história da cultura afro-brasileira*, de Walter Fraga e Wlamyra R. de Albuquerque. São Paulo: Moderna, 2009. p. 11.

**tráfico:** comércio, troca de mercadorias

# A escravização de indígenas

A mão de obra escravizada aumentava os lucros da Coroa portuguesa com o comércio de produtos como o pau-brasil e, principalmente, o açúcar.

Os colonizadores necessitavam de mão de obra para trabalhar na produção açucareira. Nas demais atividades econômicas, a introdução do trabalho escravo mostrou-se a alternativa mais barata. Inicialmente, recorreu-se à escravização de indígenas. No entanto, diversos fatores dificultaram sua escravização, como a resistência por meio de fugas e de ataques aos engenhos e vilas. Além disso, para evitar seu aprisionamento, os indígenas deslocaram-se cada vez mais para o interior do território.

# Africanos escravizados no Brasil

A partir de 1570, a Coroa portuguesa começou a trazer africanos escravizados para trabalhar na Colônia.

O comércio de escravos era um negócio muito lucrativo na época. Os portugueses já exploravam a força de trabalho de africanos escravizados no cultivo da cana-de-açúcar em outras colônias que possuíam.

Assim, com a necessidade de mão de obra para a produção do açúcar no Brasil, iniciou-se a exploração da mão de obra escravizada africana.

Mercado de escravos no Rio de Janeiro. Gravura anônima, de 1847.

# O relato de um africano escravizado

Veja, a seguir, uma representação artística atual e trechos do relato de Mahommah Gardo Baquaqua, que foi capturado em sua aldeia na África e trazido para o Brasil, onde foi escravizado no início do século 19.

QUANDO ESTÁVAMOS PRONTOS PARA EMBARCAR, FOMOS ACORRENTADOS UNS AOS OUTROS E AMARRADOS COM CORDAS PELO PESCOÇO E ASSIM ARRASTADOS PARA A BEIRA-MAR. O NAVIO ESTAVA A ALGUMA DISTÂNCIA DA PRAIA. [...] POR FIM, QUANDO CHEGAMOS À PRAIA, [...] ESCRAVOS VINDOS DE TODAS AS PARTES DO TERRITÓRIO ESTAVAM ALI E FORAM EMBARCADOS. [...]

[...] FOMOS ARREMESSADOS, NUS, PORÃO ADENTRO, OS HOMENS *APINHADOS* DE UM LADO E AS MULHERES DE OUTRO. O PORÃO ERA TÃO BAIXO QUE NÃO PODÍAMOS FICAR EM PÉ, ÉRAMOS OBRIGADOS A NOS AGACHAR OU SENTAR NO CHÃO. NOITE E DIA ERAM IGUAIS PARA NÓS, O SONO NOS SENDO NEGADO DEVIDO AO CONFINAMENTO DE NOSSOS CORPOS. FICAMOS DESESPERADOS COM O SOFRIMENTO E A *FADIGA*. [...]

**apinhados:** superlotado, amontoados
**fadiga:** cansaço

Gustavo Machado

A ÚNICA COMIDA QUE TIVEMOS DURANTE A VIAGEM FOI MILHO VELHO COZIDO. NÃO POSSO DIZER QUANTO TEMPO FICAMOS CONFINADOS ASSIM, MAS PARECEU SER MUITO TEMPO. SOFRÍAMOS POR FALTA DE ÁGUA, QUE NOS ERA NEGADA NA MEDIDA DE NOSSAS NECESSIDADES. [...] MUITOS ESCRAVOS MORRERAM NO PERCURSO. [...]

CHEGAMOS EM PERNAMBUCO, AMÉRICA DO SUL, DE MANHÃ CEDO E O NAVIO FICOU ZANZANDO DURANTE O DIA, SEM LANÇAR ÂNCORA. [...]
DESEMBARCAMOS A ALGUMAS MILHAS DA CIDADE, NA CASA DE UM FAZENDEIRO, QUE TINHA UMA GRANDE QUANTIDADE DE ESCRAVOS. [...]

Biografia de Mahommah G. Baquaqua, de Mahommah G. Baquaqua. *Revista Brasileira de História*. São Paulo: Anpuh/ Marco Zero, n. 16, mar. 1988. v. 8. p. 270-273.

Gustavo Machado

## Pratique e aprenda

**1.** Leia as frases a seguir e marque um **X** nas alternativas corretas.

◯ Mesmo com a produção do açúcar, a extração do pau-brasil continuou sendo a atividade econômica mais importante durante todo o Período Colonial.

◯ Para trabalhar nos engenhos de açúcar, o governo português investiu no comércio de escravos trazidos do continente africano.

◯ Não havia diferenças entre os africanos que vieram para o Brasil. Todos partilhavam da mesma religiosidade e das mesmas tradições.

◯ Entre os fatores que dificultaram a escravização dos indígenas está a resistência por meio de fugas e ataques aos engenhos e às vilas.

**2.** Observe o mapa abaixo e realize as atividades a seguir.

Principais rotas do comércio atlântico de escravos para o Brasil, entre os séculos 16 e 19

Fonte de pesquisa: *África e Brasil africano*, de Marina de Mello e Souza. São Paulo: Ática, 2006. p. 82.

**a.** Circule de vermelho no mapa três regiões do continente africano de onde vieram as pessoas escravizadas para o Brasil.

**b.** Circule de verde no mapa acima as cidades que recebiam os africanos escravizados trazidos ao Brasil.

**3.** De acordo com o relato das páginas **112** e **113**, responda às questões a seguir.

**a.** De que maneira Baquaqua foi transportado até o navio? Marque um **X** na alternativa correta.

   ◯ Em uma carroça com animais, com as mãos amarradas.

   ◯ Amarrado a outras pessoas escravizadas e prisioneiros, levados em uma carroça até o navio.

   ◯ Acorrentado a outras pessoas escravizadas, com cordas no pescoço e arrastado para a beira-mar.

**b.** Reescreva o trecho que descreve a situação em que os africanos escravizados eram alojados no porão da embarcação.

_____

_____

_____

_____

_____

**c.** Para onde Baquaqua foi conduzido depois de chegar ao Brasil? Marque um **X** na alternativa correta.

   ◯ Pará         ◯ Bahia.

   ◯ Rio de Janeiro.    ◯ Pernambuco.

**d.** Como era a alimentação de Baquaqua e das outras pessoas durante a viagem até o Brasil?

_____

_____

_____

**e.** Em sua opinião, ao chegar ao Brasil, a situação de Baquaqua melhorou? Por quê? Converse com os colegas.

# O trabalho nos engenhos

Durante o Período Colonial, o açúcar era um produto bastante valorizado na Europa, alcançando preços elevados.

A produção do açúcar envolvia muitos trabalhadores. Apesar de haver alguns trabalhadores livres, a maior parte da mão de obra era formada por pessoas escravizadas. No Brasil, o número médio de escravizados por engenho era de 65, mas alguns engenhos possuíam até 150.

Leia o texto abaixo sobre algumas atividades realizadas por esses trabalhadores.

> [...] A vida no engenho era marcada por um intenso ritmo de trabalho. Durante seis meses do ano, geralmente de fevereiro a julho, plantavam-se novos canaviais e mantinham-se limpos os antigos. Também cortava-se a lenha a ser usada na preparação do melaço; faziam-se consertos diversos e dispensavam-se cuidados às pequenas plantações de alimentos. A outra metade do ano era dedicada à safra. Após cortada, a cana era levada ao engenho e rapidamente moída, antes que azedasse. Durante esse período de safra o engenho funcionava 24 horas por dia, com duas turmas de trabalhadores. O trabalho era árduo e perigoso, pois a moenda ficava em movimento constante enquanto o caldo, de tão quente, borbulhava nos caldeirões. [...]

*A escravidão no Brasil*: relações sociais, acordos e conflitos, de Douglas Cole Libby e Eduardo França Paiva. São Paulo: Moderna, 2000. p. 24.

*Paisagem com plantação,* de Frans Post. Óleo sobre tela, 71,5 cm x 91,5 cm. Produzida no século 17.

melaço: produto derivado da cana-de-açúcar, obtido durante o processo de transformação da cana em açúcar

# O engenho

O engenho era uma grande propriedade de terra destinada à produção de açúcar. Em um engenho havia a casa-grande, a senzala, a capela e a casa de engenho. Observe a imagem.

Veja as principais características de cada uma das dependências de um engenho.

**A** **Senzala**: local onde os africanos escravizados eram alojados após a jornada de trabalho. Não havia móveis em seu interior.

**B** **Casa de engenho**: lugar onde a cana era moída e o açúcar era produzido.

**C** **Casa-grande**: moradia do senhor de engenho e de sua família. Geralmente era uma construção ampla e com alguns móveis.

**D** **Capela**: centro das festividades e cerimônias religiosas.

## Os holandeses e a produção de açúcar no Brasil

As riquezas geradas pela produção e comércio do açúcar atraíram a atenção de outras nações europeias. Os holandeses já conheciam bem o processo de refinamento e comercialização do açúcar. Em Amsterdã, capital da Holanda, o açúcar produzido pelos portugueses no Brasil era refinado e distribuído para o mercado europeu.

Os holandeses fundaram a **Companhia das Índias Ocidentais**, em 1621, com o objetivo de ocupar as colônias espanholas e portuguesas na América e na África e lucrar com a produção de açúcar.

Em 1624, tentaram ocupar a Bahia, sede do governo-geral do Brasil. Porém, os holandeses encontraram muita resistência e, em 1625, foram obrigados a abandonar a região.

Em 1630, os holandeses invadiram Pernambuco e dominaram grande parte da região do litoral Nordeste do Brasil. Por causa dos conflitos decorrentes da invasão holandesa, muitos senhores de engenho abandonaram suas terras, o que gerou uma queda na produção açucareira.

Entre os anos de 1637 e 1644, a região ocupada pelos holandeses foi governada pelo conde **Maurício de Nassau**. Durante sua administração, Recife se tornou a capital de Pernambuco. Houve muitas transformações na cidade: foram construídos prédios, fortificações, pontes, ruas, estradas, jardins e canais. O governo de Nassau foi marcado também por sua atuação nos campos artístico, cultural e científico.

Coleção particular: Fac-símile: ID/BR

*Fac-símile* da folha de rosto da obra *Historia Naturalis Brasiliae*, publicada em 1648. Essa obra foi escrita pelo holandês Guilherme Piso e dedicada a Maurício de Nassau.

## Pratique e aprenda

**1.** Observe o desenho ao lado.

Desenho produzido pelo artista alemão Zacarias Wagner (1614-1668) no século 17.

**a.** O que esse desenho representa?

_____

**b.** Veja a seguir alguns recortes do desenho apresentado acima. Identifique abaixo desses recortes cada uma das partes do engenho.

_____

_____

_____

_____

**2.** Quais eram os principais trabalhadores dos engenhos de açúcar no Brasil?

_____

# A expansão do território colonial

A colonização do Brasil teve início nas regiões litorâneas. Assim, o vasto interior do território, por muito tempo, foi habitado principalmente pelos indígenas.

Por volta de 1695, foram descobertas pelos bandeirantes jazidas de ouro no atual estado de Minas Gerais. Os bandeirantes eram, em sua maioria, homens que se dedicavam a atividades de exploração do interior do território em busca de riquezas.

Com a descoberta do ouro, em poucos anos, milhares de pessoas se deslocaram para as regiões mineradoras. Além dos portugueses, colonos de diferentes regiões do Brasil procuraram enriquecer com a exploração do ouro. Dessa forma, ao longo do século 18, formaram-se várias vilas e cidades no interior do Brasil, nas regiões mineradoras.

## A caça ao indígena

Antes de se aventurarem pelo interior em busca de minerais preciosos, a principal atividade desenvolvida pelos bandeirantes era a caça e o apresamento de indígenas. Utilizando armas de fogo e contando com a ajuda de indígenas aliados, os bandeirantes invadiam as aldeias, capturavam os indígenas e os vendiam como escravos para os senhores de engenho.

Produzida por Debret, no século 19, essa imagem representa um grupo de indígenas aprisionados.

# O trabalho escravo na região das minas

A sociedade que se formou nas regiões mineradoras era bastante diversificada. No entanto, a principal mão de obra utilizada continuava sendo a de africanos escravizados.

> [...] Também a mineração dependia do trabalho de escravos, que passavam o dia com os pés dentro da água fria bateando cascalho em busca de pepitas de ouro nos rios, ou mergulhados em minas subterrâneas. [...]
>
> *África e Brasil africano*, de Marina de Mello e Souza. São Paulo: Ática, 2006. p. 80.

Além de trabalharem diretamente na extração de minerais, desenvolviam várias atividades nas cidades, como vendedores ambulantes, carregadores de mercadorias e artesãos.

**bateando:** expressão que se refere ao uso da bateia, instrumento de mineração redondo e afunilado, no qual o ouro era separado do cascalho

Aquarela de Carlos Julião, produzida no século 18, que representa africana escravizada trabalhando como vendedora ambulante.

# O tropeirismo e a integração do território

Nas regiões de mineração, por conta do rápido e desordenado crescimento populacional, começaram a ocorrer sérios problemas de abastecimento, principalmente de alimentos, utensílios e ferramentas. Para suprir essa necessidade, tornou-se fundamental o trabalho dos tropeiros.

> [...] Com o tempo, o abastecimento das Minas pelos tropeiros levou ao desenvolvimento de um amplo sistema de transporte e comunicação no interior da colônia. De início malvistos por especular com o preço de mercadorias e alimentos, logo os tropeiros passaram a ser aguardados com ansiedade. Eram eles que traziam e levavam as cartas e os mais finos artigos que o ouro podia comprar. [...]
>
> *A conquista do sertão*, de Antônio Celso Ferreira e Rogério Ivano. São Paulo: Atual, 2002. p. 30-31.

## Pratique e aprenda

**1.** Leia o texto a seguir e depois responda às questões.

Na mineração brasileira do século 18, predominava o ouro de aluvião, encontrado em pequenos grãos no leito dos rios, riachos e, na época das cheias, nas grupiaras ou guapiaras, fendas abertas nas encostas. [...] Ele se acumulava no leito dos rios e riachos em depósitos chamados faisqueiras, porque os grãos de ouro faiscavam em contato com o sol.

Em alguns locais foram exploradas as encostas dos morros, conhecidas como lavras. Quando se achava um bom filão ou veio de ouro, essas rochas rendiam mais; porém, exigiam mais tecnologia e escravos, ou seja, mais capital. A pedra precisava ser perfurada e triturada para, depois, separar-se o ouro dos demais componentes, o que era feito com a utilização de água e de produtos como o mercúrio.

*Caminhos da conquista*: a formação do espaço brasileiro, de Vallandro Keating e Ricardo Maranhão. São Paulo: Terceiro Nome, 2008. p. 178.

**a.** Onde era encontrado o ouro que era extraído no Brasil, no século 18?

_____

_____

_____

**b.** Como se extraía o ouro nas lavras?

_____

_____

_____

_____

# A resistência à escravidão

Durante todo o período de ocorrência da escravidão no Brasil, houve resistência das pessoas escravizadas.

Entre as maneiras de resistir estava a manutenção dos costumes e tradições da África. Mesmo sujeitos ao trabalho escravo, os africanos realizavam festas e comemorações como forma de manter vivas suas raízes culturais.

*Coroação de uma rainha negra na Festa de Reis*, de Carlos Julião. Aquarela produzida no século 18.

Nos engenhos, muitos trabalhadores escravizados resistiam de diferentes maneiras. Mesmo vigiados por capatazes, eles procuravam realizar as tarefas cotidianas de modo a causar prejuízos aos senhores, por exemplo, quebrando os instrumentos de trabalho e queimando plantações de cana-de-açúcar. Alguns, entretanto, buscavam libertar-se do regime de escravidão por meio da fuga.

A fuga pode ser considerada uma das principais formas de resistência dos escravos. Ao fugirem, muitos escravos formaram comunidades escondidas na mata, em regiões de difícil acesso. No Brasil, essas comunidades receberam diversas denominações, como quilombos, mocambos, ladeiras e magotes.

Existiram milhares dessas comunidades em quase todas as regiões do país. A maioria era formada por pequeno número de habitantes, geralmente menos de cem pessoas, entretanto, algumas chegaram a ter milhares de habitantes.

*Zumbi*, de Antônio Parreiras. Óleo sobre tela, 115,3 cm x 87,4 cm. 1927.

Museu Antônio Parreiras, Niterói (RJ). Fotografia: ID/BR

O principal quilombo formado no Brasil foi o dos Palmares, no século 17. Localizado na região da divisa dos atuais estados de Alagoas e Pernambuco, esse quilombo existiu por quase cem anos e, quando foi destruído, era habitado por cerca de 20 mil pessoas.

O Quilombo dos Palmares, assim como o Buraco do Tatu e a maioria dos quilombos, era protegido. Havia armadilhas ao seu redor, como lanças pontiagudas escondidas em buracos na mata. Além disso, era vigiado dia e noite por guerreiros armados.

Em Palmares, o governo era exercido por um rei, que comandava os chefes dos povoados que formavam o quilombo. O último e mais conhecido rei dos Palmares foi **Zumbi**.

## Pratique e aprenda

1. Cite algumas maneiras encontradas pelas pessoas escravizadas para resistir à escravidão nos engenhos.

_____

_____

_____

2. Explique o que eram os quilombos.

_____

_____

_____

**3.** Qual o maior quilombo formado durante o Período Colonial no Brasil? Descreva algumas características desse quilombo.

_____

_____

_____

_____

_____

## Investigue e aprenda

### Trabalho forçado

Mesmo sendo proibido, o **trabalho forçado** é uma realidade no Brasil e em vários países do mundo. Em uma relação de trabalho forçado, o trabalhador é coagido a realizar determinadas tarefas, sendo punido caso se recuse a realizá-las.

Geralmente, os trabalhadores que se encontram nessa situação são proibidos de deixar o local de trabalho. Além disso, as condições de trabalho costumam ser precárias. Existem pessoas trabalhando de maneira forçada nas cidades e no meio rural.

Formem grupos e façam uma pesquisa sobre o tema em livros, jornais e na internet. Sigam como roteiro as perguntas a seguir. Depois, elaborem um texto coletivo que apresente as respostas do grupo sobre o assunto.

**a.** Em que atividades econômicas o trabalho forçado pode ser encontrado no Brasil?

**b.** Na opinião do grupo, por que esse tipo de trabalho ainda existe?

**c.** Por que é importante combater o trabalho forçado? Como isso pode ser feito?

**coagido:** aquele que é forçado, obrigado a fazer algo

# De Colônia a Império

Em 1808, a corte portuguesa transferiu-se para o Brasil. Isso ocorreu porque diversas regiões da Europa estavam em guerra, e Portugal teve seu reino invadido por tropas francesas. Desse modo, D. João decidiu estrategicamente mudar-se com a família real para a sua colônia mais próspera, o Brasil.

Com o fim da guerra na Europa em 1815, a família real já poderia voltar em segurança para Portugal. Contudo, D. João, que em 1816 assumiu o trono português como D. João VI, decidiu continuar no Brasil.

A decisão de manter o Brasil como sede do governo português desagradou a população de Portugal, que passava por uma grave crise. Assim, em 1820, iniciou-se uma revolução em Portugal, que exigia o retorno do rei. Pressionado, D. João VI retornou a Portugal, deixando seu filho D. Pedro como príncipe regente administrando o Brasil.

Por exigência das cortes portuguesas, D. João ordenou o retorno de seu filho D. Pedro a Portugal. No entanto, D. Pedro decidiu desobedecer às ordens, permanecendo no Brasil e aumentando ainda mais a insatisfação dos portugueses.

Cada vez mais distante de Portugal e com apoio de políticos brasileiros, em 7 de setembro de 1822, D. Pedro proclamou a **independência do Brasil**, permanecendo no poder ao ser nomeado imperador do Brasil, com o nome de D. Pedro I. O sistema político do Brasil independente continuou a ser a monarquia.

Museus Castro Maya, Rio de Janeiro (RJ)

*Aclamação de D. Pedro I no Campo de Santana*, de Jean-Baptiste Debret. Aquarela, 48 cm x 70 cm. Século 19. Nessa imagem, o autor representa a população saudando D. Pedro I pela proclamação da independência do Brasil em 1822.

# O Primeiro Reinado

Após a proclamação da independência, em 1823, foi formada uma Assembleia Constituinte para elaborar uma Constituição para o Brasil. Porém, D. Pedro I dissolveu a Assembleia, impondo uma Constituição, em 1824.

De acordo com essa primeira Constituição do Brasil, os poderes foram divididos entre Executivo, Legislativo e Judiciário, além do poder Moderador, exercido pelo próprio imperador, e que lhe conferia total autoridade sobre os demais poderes.

Segundo essa Constituição, nem todos podiam votar. As mulheres, por exemplo, não tinham o direito de votar ou de se candidatar a cargos políticos. Além disso, as pessoas escravizadas, que formavam parte considerável da população, continuaram excluídas.

# A sociedade no Brasil independente

A organização da sociedade brasileira praticamente não sofreu alterações com a independência. A participação política continuou limitada a um pequeno grupo da elite, que participava das decisões de acordo com seus interesses. A população pobre continuou vivendo em condições precárias, e a escravidão foi mantida.

Em pouco tempo, a política de D. Pedro I começou a causar descontentamento entre a população geral, que o via como um homem autoritário e pouco interessado em melhorar as condições de vida dos brasileiros. Pressionado, em 1831 o imperador abdicou do trono em nome de seu filho D. Pedro, então com 5 anos de idade, e retornou a Portugal.

Coleção particular. Fotografia: ID/BR

Vista tomada da Igreja de São Bento, Rio de Janeiro, gravura produzida por Johann Moritz Rugendas por volta de 1830, que representa membros de diferentes camadas sociais da população brasileira após a independência.

# O Segundo Reinado

Em 1840 iniciou-se o Segundo Reinado. Na época, D. Pedro, com 14 anos de idade, assumiu o poder com o título de D. Pedro II.

Seu governo foi marcado pela consolidação do poder político pelo governo central. Além disso, nessa época, houve grande crescimento da produção de café no Brasil, que, ao longo do Segundo Reinado, tornou-se a principal atividade econômica do país.

Em meados do século 19, quando se tornou o principal produto de exportação no Brasil, o café gerou grandes lucros à elite rural brasileira.

A produção de café, que teve início na província do Rio de Janeiro, se expandiu para outras regiões do sudeste do país.

Fonte de pesquisa: *Atlas – História do Brasil*, de Flávio de Campos e Mirian Dolhnikoff. São Paulo: Scipione, 1993. p. 24.

A expansão do café no século 19

Início do século 19
A partir de 1830
A partir de 1850
A partir de 1880

## A modernização no Brasil

A enorme riqueza gerada pelo café impulsionou a modernização do país, principalmente nas regiões ligadas à sua produção. Além da instalação das primeiras ferrovias, para escoar a produção, várias inovações foram implantadas no país. Na segunda metade do século 19, foram instaladas linhas de telégrafo e telefone, a primeira usina hidrelétrica, iluminação pública a gás, serviços de esgoto, entre outros.

Vista geral da Estação da Luz, em São Paulo. Foto de Guilherme Gaensly, final do século 19.

**1.** Esta imagem, feita sob encomenda de D. Pedro I, representa a população aclamando a monarquia brasileira, logo após a independência. Observe-a, leia o texto e responda às questões.

Museus Castro Maya, Rio de Janeiro (RJ). Fotografia: ID/BR

*Pano de boca executado para a representação extraordinária dada no Teatro da Corte por ocasião da coroação de D. Pedro I, imperador do Brasil,* de Jean-Baptiste Debret. Aquarela produzida em 1822.

Nesse seu famoso trabalho, Debret dispôs as "três raças formadoras do Brasil" — negros, brancos e indígenas — em posição praticamente igualitária a apoiar a nova monarquia (desta feita, representada como uma mulher), humanizando a figura imperial e colocando-a no mesmo plano de representação de seus súditos. [...]

A época em imagens. Em: *História do Brasil nação*: 1808-2010. Crise colonial e independência: 1808-1830, de Alberto da Costa e Silva (Coord.). Rio de Janeiro: Objetiva, 2012. v. 1. s.p.

**a.** Qual aspecto do governo monárquico de D. Pedro I procurou ser transmitido pelo artista por meio dessa imagem?

_____

_____

**b.** Em sua opinião, a forma como foram representadas as pessoas na imagem reflete a realidade do Brasil durante o período monárquico? Justifique sua resposta.

_____

_____

# A chegada dos imigrantes

Grande parte dos imigrantes que chegaram ao Brasil no século 19 era de origem europeia. Nesse período, alguns países da Europa passavam por uma grave crise social e econômica.

Os pequenos produtores rurais estavam sujeitos à cobrança de altos impostos sobre suas terras. Sem ter como garantir seu sustento e manter suas propriedades, eles passaram a procurar emprego e melhores condições de vida nas cidades.

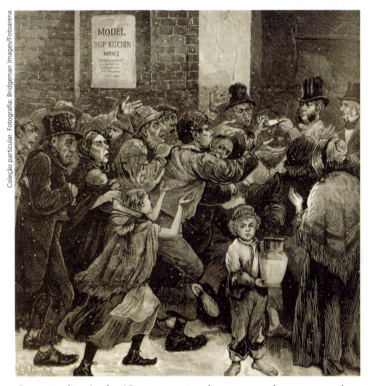

Em muitos países europeus, em pouco tempo o número de pessoas em busca de emprego superou o de vagas, gerando uma enorme população de desempregados e de trabalhadores mal remunerados nas cidades.

Na Itália, grande parte da população, além de conviver com as dificuldades da crise econômica, passou a sofrer com os problemas decorrentes das guerras. Nesse período, ocorriam conflitos políticos que levaram a guerras internas e com países vizinhos.

Gravura do século 19 representando pessoas desempregadas em Londres, na Inglaterra, na fila para receber alimentos.

## Enquanto isso, no Brasil...

Desde a segunda metade do século 19, cafeicultores brasileiros estavam preocupados com a possível falta de mão de obra em suas propriedades. Isso porque, nessa época, era cada vez maior o apoio ao movimento que exigia o fim do trabalho escravo no Brasil. Assim, esses cafeicultores passaram a incentivar a vinda de trabalhadores europeus para o país. Para isso, eram utilizados diversos meios de **propaganda**.

Inicialmente, esses fazendeiros financiavam a vinda dos trabalhadores, pagando as despesas de viagem e de hospedagem. A partir do final do século 19, o governo brasileiro passou a assumir os custos de imigração.

# A viagem para a América

A viagem até o Brasil não era nada fácil. Os imigrantes enfrentavam dificuldades como a má alimentação e a falta de higiene nas embarcações.

Após uma longa viagem, a maioria dos imigrantes desembarcava no porto de Santos, no estado de São Paulo. De lá, eles iam de trem até a capital, onde ficavam alojados na Hospedaria de Imigrantes, no bairro do Brás.

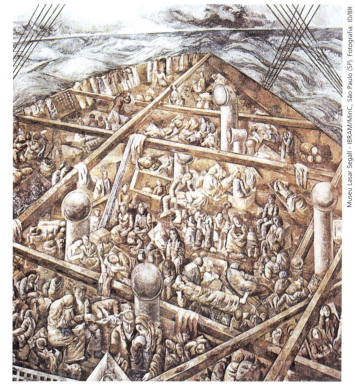

*Navio de emigrantes*, de Lasar Segall. Óleo sobre tela, 230 cm x 275 cm. Produzida entre os anos de 1939-1941. Essa pintura representa um navio de imigrantes europeus com destino ao Brasil.

## A Hospedaria de Imigrantes

A Hospedaria de Imigrantes era o destino da maioria dos imigrantes que chegava ao Brasil. Antes de serem enviados aos seus novos empregos, os imigrantes passavam pela Agência Oficial de Colonização e Trabalho, localizada no prédio da hospedaria.

Além de alojamento, a hospedaria disponibilizava outros serviços, como assistência médica e odontológica, farmácia, laboratório, hospital, correio, lavanderia e cozinha.

Foto do início do século 20 que retrata uma família de imigrantes ao chegar à hospedaria.

# O trabalho nas fazendas de café

Muitos imigrantes, depois de ficarem alguns dias na hospedaria, eram encaminhados para o trabalho nas fazendas de café. Nesses lugares, passavam a viver e a trabalhar com sua família. Leia o texto a seguir.

O trabalho do imigrante na fazenda de café era realizado de sol a sol. Toda a família trabalhava, inclusive as crianças. Os colonos – como eram chamados os imigrantes – tinham várias tarefas, entre elas a derrubada e a queimada da mata, o plantio, a colheita, o beneficiamento e ensacamento para despacho do café. O pagamento variava, mas geralmente ganhavam pelo número de pés que cuidavam. Cada trabalhador possuía uma cota mínima de pés de café para cuidar.

[...]

*E chegam os imigrantes... O café e a imigração em São Paulo*, de Sônia Maria de Freitas. São Paulo: Edição da autora, 1999. p. 46.

1. Quem trabalhava nas lavouras de café?

2. Quais eram as principais atividades dos colonos?

3. Como era feito o pagamento pelo trabalho dos colonos?

O dia a dia de trabalho nas fazendas de café era exaustivo. Os colonos levantavam diariamente antes do nascer do Sol e trabalhavam por cerca de 12 horas, inclusive nos fins de semana.

As condições de trabalho nas fazendas eram muito difíceis, havendo inclusive relatos de maus-tratos dispensados aos trabalhadores europeus.

Nas fazendas, os imigrantes tinham pequenos lotes de terra onde podiam cultivar alimentos para seu próprio consumo, além de criar animais. No entanto, devido à grande quantidade de trabalho nos cafezais, muitas famílias não tinham tempo para se dedicar a essas atividades.

# O trabalho dos imigrantes nas cidades

Por causa das difíceis condições de vida e trabalho nas fazendas, houve imigrantes que voltaram para o seu país de origem. Entre aqueles que permaneceram no Brasil, muitos se mudaram para os centros urbanos em busca de novas oportunidades de trabalho. Veja.

Foto do final do século 19 retratando um imigrante trabalhando em seu próprio estabelecimento comercial.

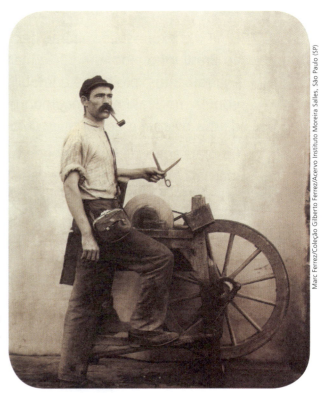

Foto do final do século 19 retratando um imigrante trabalhando como amolador.

💬 **4.** Que tipo de atividades os imigrantes estão exercendo nas imagens apresentadas?

💬 **5.** Essas atividades ainda são exercidas nos dias de hoje?

Para muitos imigrantes, as cidades eram locais que ofereciam oportunidades de trabalho e de melhoria nas condições de vida. Mulheres, homens e crianças trabalhavam nas mais diversas atividades. Algumas famílias, inclusive, conseguiam abrir seu próprio negócio, no ramo do comércio ou na prestação de serviços.

## A cultura dos imigrantes na atualidade

A influência dos imigrantes na formação do povo brasileiro pode ser percebida de diversas maneiras. Tanto na composição étnica da população, como na diversidade cultural brasileira, a cultura dos imigrantes está presente em diversos aspectos de nosso cotidiano, na culinária, nas festas, nas danças, na religiosidade, na linguagem, entre outros.

Veja a seguir alguns exemplos de expressões culturais dos imigrantes observadas nas diversas regiões do Brasil onde eles se estabeleceram.

Uma das expressões culturais trazidas pelos imigrantes japoneses ao Brasil foi o judô, uma arte marcial baseada em técnicas de agarramentos, projeções e imobilizações. Atualmente o judô é popular no Brasil e é procurado por pessoas que buscam aprender defesa pessoal e desenvolver o fortalecimento físico e mental.

Os praticantes de judô aprendem valores relacionados à filosofia marcial, como disciplina, lealdade e justiça.

ID/BR

CP DC Press/
Shutterstock.
com/ID/BR

Foto da judoca Rafaela Silva em competição olímpica, no município do Rio de Janeiro, em 2016.

A culinária italiana é muito famosa e popular entre todos os brasileiros. Pratos como a macarronada, a lasanha, o rondeli e o nhoque geralmente são passados de geração em geração nas famílias mais tradicionais.

Foto de restaurante italiano, no município de São Paulo, em 2014. Algumas receitas tradicionais podem ser encontradas em cantinas, como são chamados os restaurantes de comida italiana.

A comunidade alemã se estabeleceu principalmente na Região Sul do Brasil. Uma das festas mais conhecidas trazidas por esses imigrantes ao país é a Oktoberfest, realizada anualmente no mês de outubro. Nessa festa, que dura vários dias, se comemoram diversas tradições de origem alemã, com desfiles, música, dança, comidas e bebidas tradicionais.

Foto de apresentação de dança tradicional alemã durante a Oktoberfest, em Blumenau, Santa Catarina, 2017.

a. Você pratica ou participa de alguma dessas manifestações culturais? Se sim, quais?

b. Você conhece outras manifestações culturais que foram trazidas por imigrantes e que são comuns em nosso dia a dia? Se sim, quais?

c. Você considera importante que as tradições culturais dos imigrantes sejam preservadas? Explique.

# O trabalho nas fábricas

Nos centros urbanos, os trabalhadores imigrantes também enfrentavam dificuldades. No início do século 20, muitos deles trabalhavam como operários nas fábricas, onde estavam sujeitos a difíceis condições. Observe.

- Mulheres, homens e crianças chegavam a trabalhar até 14 horas por dia, até mesmo nos fins de semana.

- Mulheres e crianças recebiam um salário menor, mesmo exercendo as mesmas atividades que os homens.

- Em muitas fábricas havia pouco espaço, os ambientes eram mal ventilados e mal iluminados.

- Devido à falta de segurança e higiene e ao cansaço pelas longas jornadas, era muito comum que os operários adoecessem ou sofressem acidentes de trabalho.

## Os sindicatos

Muitos operários, insatisfeitos com as condições de trabalho, se uniram para lutar por melhorias. Uma das formas de organização de trabalhadores foi trazida pelos imigrantes no início do século 20, os sindicatos.

A formação de sindicatos já era comum na Europa. Nos sindicatos, os trabalhadores se reuniam para expor seu descontentamento, discutir e organizar maneiras de lutar por direitos. Outra atribuição dos sindicatos era ajudar os trabalhadores em casos de acidentes ou de injustiças no ambiente de trabalho.

Acervo Iconographia/Reminiscências

Entre as principais reivindicações dos trabalhadores estavam redução da jornada de trabalho, maior segurança e higiene nas fábricas, aumento salarial e férias remuneradas.

Um dos meios de manifestação trabalhista é a realização da greve, a paralisação do trabalho para a reivindicação de melhores condições de trabalho. Foto que retrata trabalhadores em uma greve geral na cidade de São Paulo, em 1917.

## Pratique e aprenda

**1.** Observe a imagem abaixo e responda às questões.

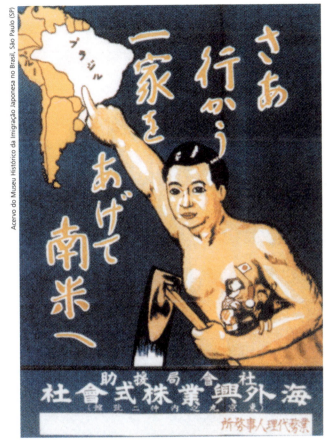

Acervo do Museu Histórico da Imigração Japonesa no Brasil, São Paulo (SP)

Cartaz de incentivo à imigração para o Brasil, produzido no Japão, no início do século 20.

**a.** Faça uma descrição do cartaz.

_____

_____

_____

**b.** Em qual país esse cartaz foi produzido? Quais elementos você observou para chegar a essa conclusão?

_____

_____

_____

**c.** Em sua opinião, o cartaz transmite uma imagem positiva ou negativa sobre o Brasil? Por quê? Converse com os colegas.

## Ponto de chegada

**1.** Escreva um pequeno texto utilizando os conceitos a seguir:

- Indígenas
- Portugueses
- Africanos

- Imigrantes
- Dominação
- Resistência

- Cultura
- Povo brasileiro

**2.** Como ocorreu o contato entre indígenas e europeus no início do século 16?

**3.** Qual a importância da cultura africana e afrodescendente no Brasil atual?

**4.** Sobre a formação do povo brasileiro, qual a contribuição dos imigrantes que vieram para o Brasil a partir do século 19?

Foto de pessoas se manifestando a favor da democracia, no município de São Paulo, em 1984.

outro dia!

## Ponto de partida

1. Que situação esta foto está retratando?

2. O que as pessoas que participam da situação retratada parecem estar sentindo?

3. Você já presenciou uma situação como esta retratada na foto? Explique como aconteceu.

# Afinal, qual é o meu papel na sociedade?

Para vivermos em sociedade, é muito importante entendermos que, além de fazermos parte dela, nossas ações, nossas atitudes interferem na vida dos outros.

Há uma série de direitos e deveres que devemos cumprir para garantir a boa convivência em sociedade. Por exemplo: toda criança e jovem tem direito à educação de qualidade. Para isso, devem ser garantidos, entre outras coisas, escolas com amplas salas de aula, espaço para descanso e lazer, bibliotecas, além de profissionais como professores, diretores, pedagogos, cozinheiros, zeladores, etc.

Para que o processo educacional de crianças e de jovens ocorra bem, os estudantes também têm de cumprir alguns deveres: ao frequentar as aulas, por exemplo, eles devem respeitar os professores e os demais profissionais, zelar pela conservação da escola e dos materiais usados no dia a dia, entre outros.

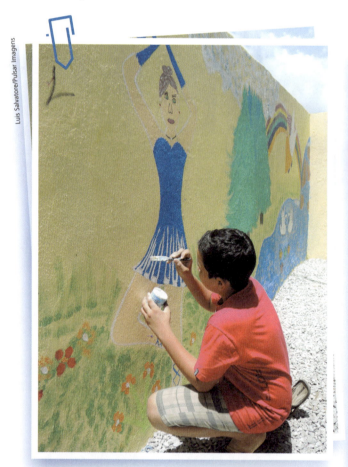

Luis Salvatore/Pulsar Imagens

Foto de criança pintando o muro de uma escola pública em Tracuateua, Pará, 2014.

Renato Soares/Pulsar Imagens

Foto de criança indígena do povo yawalapiti estudando em sala de aula, em Gaúcha do Norte, Mato Grosso, 2013.

# Ser cidadão

Quando reconhecemos que possuímos direitos e deveres em nossa sociedade, podemos dizer, então, que somos **cidadãos**.

Atualmente, o conjunto de direitos e deveres que garantem a nossa cidadania estão assegurados pelas leis. Essas leis são expressas e reconhecidas por todos em diversos documentos, mas o principal é a Constituição da República Federativa do Brasil de 1988. Essa Constituição reúne por escrito os direitos e deveres de todo cidadão brasileiro.

Capa da Constituição de 1988, também conhecida como "Constituição Cidadã".

Para exercer nossa cidadania, além de conhecer os direitos e deveres, também devemos agir cotidianamente para assegurar o que é garantido por lei.

[...] a cidadania não é apenas um conjunto formal de direitos e deveres, mas a prática cotidiana para garantir e vivenciar esses princípios.

Em resumo, podemos entender a cidadania como toda prática que envolve reivindicação, interesse pela coletividade, organização de associações, luta pela qualidade de vida, seja na família, no bairro, no trabalho, ou na escola. [...]

*Dicionário de conceitos históricos*, de Kalina Vanderlei Silva e Maciel Henrique Silva. São Paulo: Contexto, 2009. p. 50.

A luta pela conquista de direitos faz parte da prática cidadã. Foto de manifestação pelo combate à violência e à discriminação contra mulheres negras e indígenas, no município de São Paulo, em 2017.

# Cidadania no Brasil: lutas, conquistas e transformações

Ao longo da história do Brasil, o esforço e a luta de diversos grupos sociais permitiram que direitos fossem conquistados, provocando mudanças em nossa sociedade.

Muitos direitos que são garantidos atualmente pela nossa Constituição e por outros estatutos e leis são resultado de luta histórica. Alguns dos exemplos mais recentes são: o Estatuto da Criança e do Adolescente, de 1990; o Estatuto do Idoso, de 2003; e a Lei Maria da Penha, de 2006.

O **Estatuto da Criança e do Adolescente** (ECA) é importante por reconhecer crianças e adolescentes como cidadãos que possuem direitos e deveres específicos. Esse estatuto é composto por 267 artigos que tratam de temas como saúde, educação, lazer, moradia, proteção contra diversos tipos de violência, entre outros.

Criança recebendo merenda em escola, no município de São Paulo, em 2016.

Assim como o ECA, o **Estatuto do Idoso** surgiu pela necessidade de reconhecimento de direitos específicos dos idosos, as pessoas com mais de 60 anos de idade.

O Estatuto do Idoso estabelece medidas de proteção aos idosos e assegura direitos nas áreas da saúde, educação, cultura, esporte, lazer, entre outros, para garantir uma vida digna, com respeito e liberdade.

Idosos se exercitando em academia ao ar livre, em Curitiba, Paraná, 2015.

A **Lei Maria da Penha** foi criada para garantir a proteção das mulheres contra diversos tipos de violência doméstica e familiar.

Essa lei foi nomeada em homenagem a Maria da Penha Maia Fernandes, farmacêutica e ativista que atua no combate à violência contra as mulheres.

Maria da Penha durante sessão solene para celebrar os dez anos da Lei Maria da Penha, em Brasília, Distrito Federal, 2016.

## Pratique e aprenda

**1.** De acordo com os assuntos estudados nas páginas **140** a **142**, responda às questões a seguir.

**a.** O que é cidadania?

_____

_____

_____

**b.** De que maneira podemos agir para exercer a nossa cidadania no dia a dia? Cite três exemplos.

_____

_____

_____

**c.** Identifique a qual estatuto ou lei o texto abaixo se refere. Marque um **X** na alternativa correta.

> [...]
>
> Toda mulher, independentemente de classe, raça, etnia, orientação sexual, renda, cultura, nível educacional, idade e religião, goza dos direitos fundamentais inerentes à pessoa humana, sendo-lhe asseguradas as oportunidades e facilidades para viver sem violência, preservar sua saúde física e mental e seu aperfeiçoamento moral, intelectual e social.
>
> [...]
>
> BRASIL. Palácio do Planalto, Presidência da República. Disponível em: <www.planalto.gov.br/ccivil_03/_ato2004-2006/2006/lei/l11340.htm>. Acesso em: 16 jan. 2018.

◯ Estatuto do Idoso.

◯ Lei Maria da Penha.

◯ Estatuto da Criança e do Adolescente.

# O movimento abolicionista

Um dos mais importantes passos para o avanço da cidadania na história do Brasil ocorreu com o fim da escravidão no país.

Além da luta permanente daqueles que foram escravizados (indígenas, africanos e afrodescendentes), o surgimento do movimento abolicionista no século 19 ampliou a pressão para que esse regime chegasse ao fim.

[...] O Brasil finalmente viu florescer um movimento abolicionista em massa exigindo o fim imediato da [escravidão] [...] O abolicionismo brasileiro foi singular por possuir uma significativa minoria de líderes mulatos e negros, entre eles o engenheiro André Rebouças, o farmacêutico José do Patrocínio, o político Luiz Gama e Quintino de Lacerda, líder de uma comunidade de 10 mil escravos fugitivos [...].

*Escravismo no Brasil*, de Francisco Vidal Luna e Herbert S. Klein. Tradução de Laura Teixeira Motta. São Paulo: Edusp/Imprensa Oficial do Estado de São Paulo, 2010. p. 330.

Foto do abolicionista André Rebouças, tirada por volta de 1862.

## As leis e a abolição gradual

Os principais opositores do movimento abolicionista eram os grandes proprietários de escravos, entre eles os cafeicultores do vale do Paraíba. Com seu poder econômico e influência política, conseguiram evitar que a escravidão fosse abolida no Império até o final do século 19.

Com o objetivo de adiar a abolição total da escravidão, a elite política ligada aos grandes fazendeiros aprovou uma série de leis que aboliram gradualmente o trabalho escravo no Brasil.

- **Lei Euzébio de Queiroz** (1850): proibiu o tráfico de africanos escravizados para o Brasil.
- **Lei do Ventre Livre** (1871): tornou livres os filhos de mulheres escravizadas nascidos no Brasil.
- **Lei dos Sexagenários** (1885): tornou livres os escravizados com mais de 60 anos.

# Fazendo história

## Maria Firmina dos Reis

Maria Firmina dos Reis foi uma importante escritora brasileira, considerada a primeira mulher a escrever um romance no Brasil.

Nascida no estado do Maranhão, em 1825, Maria Firmina pertencia a uma família humilde e, como a maioria das mulheres de sua época, não pôde frequentar a escola, mas isso não a impediu de estudar. Com a ajuda de alguns parentes e na maior parte das vezes estudando sozinha, obteve uma boa formação intelectual e tornou-se professora no início da vida adulta.

Maria Firmina dos Reis abominava a escravidão. Foi autora do romance *Úrsula*. Esse livro, publicado em 1859, é considerado o primeiro romance abolicionista da literatura brasileira. Leia um trecho a seguir.

Meteram-me a mim e a mais trezentos companheiros de infortúnio e de cativeiro no estreito e **infecto** porão de um navio. Trinta dias de cruéis **tormentos**, e de falta absoluta de tudo quanto é mais necessário à vida, passamos nessa sepultura até que abordamos as praias brasileiras. Para caber a mercadoria humana no porão fomos amarrados em pé e para que não houvesse receio de revolta, acorrentados como animais ferozes das nossas matas. [...]

*A mente, essa ninguém pode escravizar*: Maria Firmina dos Reis e a escrita feita por mulheres no Maranhão, de Régia Agostinho da Silva. Disponível em: <anpuh.org/anais/?p=15572>. Acesso em: 5 jan. 2018.

Maria Firmina publicou outros textos e livros defendendo a abolição da escravidão. Em sua busca por um país mais justo, ela fundou, aos 54 anos de idade, uma pequena escola frequentada por meninas e meninos, algo raro para a época, com aulas gratuitas para aqueles que não pudessem pagar.

**infecto:** contaminado, malcheiroso
**tormentos:** sofrimentos, angústias

# O fim da escravidão no Brasil

No fim da década de 1880, o término da escravidão passou a ser exigido por diferentes grupos sociais, fortalecendo o movimento abolicionista.

Leia o texto.

[...] O movimento abolicionista tornou-se irresistível nas áreas cafeeiras [...]. Com uma nova consciência de si mesmos e encontrando apoio em segmentos da população que simpatizavam com a causa abolicionista, grandes números de escravos fugiram das fazendas. A escravidão tornou-se uma instituição desmoralizada. Quase ninguém se opunha à ideia de abolição, embora alguns reivindicassem que os fazendeiros deviam ser indenizados pela perda de seus escravos. O único grupo que [...] resistiu até o último minuto foi o dos representantes dos fazendeiros das antigas áreas cafeeiras [...]. Em maio de 1888, eles votaram contra a lei que aboliu a escravidão no Brasil. [...]

*Da Monarquia à República*: momentos decisivos, de Emília Viotti da Costa. 9. ed. São Paulo: Editora Unesp, 2010. p. 364.

Angelo Agostini. Fac-símile: ID/BR

A lei que aboliu a escravidão no Brasil, conhecida como **Lei Áurea**, foi assinada pela princesa Isabel, filha de D. Pedro II, em 13 de maio de 1888. Ela era a regente e responsável pelo governo naquele período, pois seu pai estava ausente, em uma viagem.

Charge de Angelo Agostini, produzida em 1888, que representa fazendeiros escravocratas lendo a notícia da abolição da escravidão. A expressão no rosto dos personagens representados demonstra sua insatisfação.

# Os ex-escravizados após a abolição

Embora a Lei Áurea tenha assegurado o fim do regime de escravidão no Brasil, após a abolição, muitos ex-escravizados continuaram a enfrentar uma vida difícil e precária.

O governo brasileiro não prestou assistência e não apresentou políticas públicas para a inserção dos ex-escravizados na sociedade de maneira justa e igualitária. Enquanto muitos deles continuaram trabalhando nas fazendas em troca de baixos salários, outros se mudaram para as cidades, onde esperavam encontrar melhores condições de vida.

## Os "bairros africanos"

Nas áreas urbanas, contudo, eles não tiveram acesso a escolas, assistência médica, além de enfrentarem dificuldades para conseguir emprego e moradia.

Muitos ex-escravizados passaram a habitar moradias precárias em regiões distantes do centro das cidades. Nesses lugares, chamados "bairros africanos", os ex-escravizados se organizaram e formaram redes de solidariedade, em que todos se ajudavam, buscando recuperar sua dignidade por meio da cooperação e do trabalho comunitário.

Foto que retrata uma família de ex-escravizados do morro da Babilônia, no Rio de Janeiro, 1910.

• Você sabe o que é trabalho comunitário? Cite exemplos.

## Pratique e aprenda

1. De que maneira o movimento abolicionista contribuiu para o fim da escravidão no Brasil?

_____

_____

_____

_____

_____

_____

2. Quem era contra a abolição da escravidão? Que medidas eles tomaram para tentar preservar seus interesses?

_____

_____

_____

_____

_____

_____

3. Como era a situação dos ex-escravizados após a abolição? Marque um **X** na alternativa correta.

○ Após conquistar a liberdade, os ex-escravizados passaram a trabalhar para o governo, ocupando cargos públicos.

○ Parte da população continuou trabalhando nas fazendas em troca de baixos salários. Nas cidades, passavam por uma série de dificuldades para conseguir emprego e moradia.

○ Os ex-escravizados receberam uma indenização do governo. Com isso, puderam investir em seu próprio negócio e prosperar.

## A vida em comunidade

A solidariedade foi um elemento muito importante nos bairros que foram formados por ex-escravizados no final do século 19. Atualmente, a solidariedade continua sendo fundamental, principalmente no dia a dia dos moradores das comunidades mais carentes.

Sobre esse tema, em grupo, façam uma pesquisa em livros, jornais e revistas e procurem saber:

**a.** Quais são os bairros e as comunidades carentes que existem em sua cidade ou próximo a ela? Como elas surgiram?

**b.** Como é o dia a dia das pessoas que vivem nessas comunidades (favelas ou bairros pobres)? Quais são suas principais dificuldades e reivindicações?

**c.** O que tem sido feito pelas autoridades políticas (prefeitos, vereadores, secretários) e pelos moradores para combater ou amenizar essas dificuldades?

Após investigar e responder a essas questões, cada grupo deve apresentar o resultado da pesquisa para os colegas em sala de aula. Se possível, apresente fotos do lugar e localize-o em um mapa da cidade.

Entender a história, identificar os problemas e as dificuldades da cidade onde mora é o primeiro passo para promover mudanças e melhorar a qualidade de vida da população, exercendo, assim, a cidadania. Foto de moradores da Favela do Metrô-Mangueira reunidos após parte das residências da comunidade serem demolidas, no município do Rio de Janeiro, em 2015.

Tânia Rêgo/Agência Brasil

# A crise gradativa da monarquia

Os ex-proprietários de escravizados não ficaram satisfeitos com a abolição da escravidão. Por conta dos prejuízos que tiveram, deixaram de apoiar o governo.

Após a abolição, além de perder o apoio da elite agrária escravista, a monarquia brasileira passou a ser criticada pelos militares e pelos republicanos, entrando assim em uma crise gradativa.

Esta charge, produzida por Angelo Agostini no século 19, representa D. Pedro II sendo empurrado do trono.

## A insatisfação do Exército

Durante o Segundo Reinado, o Exército brasileiro havia se fortalecido, passando a desempenhar importante papel na sociedade. No entanto, muitos oficiais consideravam que o governo imperial não dava o devido apoio para o Exército. Por exemplo, eles questionavam a falta de investimento por parte do governo e também a redução das promoções na carreira militar.

Outra questão era o soldo, pagamento ou remuneração recebida pelos militares, considerado precário. Além disso, reivindicavam mais participação política. Essas reivindicações contrariavam os interesses das elites civis, e, por isso, os militares foram proibidos de se pronunciar publicamente sobre assuntos políticos.

Essa situação gerou um profundo ressentimento nos militares, que viram essa atitude como antipatriótica. Mesmo proibidas, uma série de críticas ao governo foi feita por meio da imprensa, transformando a **questão militar** em uma questão política de âmbito nacional.

# O republicanismo

A mobilização de diferentes grupos sociais foi fundamental para a mudança do regime político no Brasil. O Partido Republicano, fundado no Rio de Janeiro, em 1870, por exemplo, era formado principalmente por latifundiários paulistas. Eles procuravam implantar um regime político que estivesse de acordo com seus interesses econômicos, exercendo grande influência no processo de proclamação da República.

Embora o papel de golpistas tenha sido confiado aos militares [...], o fato é que, sem a base social fornecida por um largo setor da burguesia cafeeira de São Paulo, politicamente organizada em torno do Partido Republicano Paulista (PRP), o movimento de novembro de 1889 jamais se concretizaria.

[...] Foi a burguesia cafeeira paulista que, implicitamente, deu aos militares a convicção de que sua aventura golpista poderia contar com uma sólida base de apoio econômico e social.

*Brasil*: uma História – a incrível saga de um país, de Eduardo Bueno. São Paulo: Ática, 2002. p. 238.

# A proclamação da República

Aproveitando a fragilidade do governo monárquico, líderes militares se uniram e, em 15 de novembro de 1889, no Rio de Janeiro, promoveram um golpe que pôs fim à monarquia e proclamou a **República no Brasil**.

D. Pedro II, já idoso e com a saúde debilitada, foi obrigado pelo novo governo republicano a deixar o país no dia 17, exilando-se com sua família na França.

Museu da República, Rio de Janeiro (RJ). Fotografia: ID/BR

Pintura do final do século 19, de Henrique Bernardelli, que representa o marechal Deodoro da Fonseca quando proclamou a República no Brasil.

# Os primeiros anos da República

A transição da forma de governo monárquica para a republicana, em 1889, provocou diversas mudanças.

Deodoro da Fonseca, que havia sido escolhido para liderar o golpe, estabeleceu um **governo provisório**, que tinha como responsabilidades elaborar uma nova constituição, realizar eleições para presidente, firmar o modelo de república federativa e estabelecer a ordem social.

## A primeira Constituição republicana

A primeira Constituição republicana foi promulgada em 25 de fevereiro de 1891 e se caracterizou por ser liberal e descentralizadora. Essa Constituição extinguiu o poder Moderador e estabeleceu a separação entre os três poderes da República, o Executivo, o Legislativo e o Judiciário, que passaram a ser independentes. Leia, no texto a seguir, outras determinações da Constituição de 1891.

A Constituição de 1891 estabeleceu, ainda: a igualdade de todos perante a lei; o reconhecimento dos direitos do cidadão, como a liberdade, a propriedade e a segurança individual; eleições diretas, com voto não secreto, para os maiores de 21 anos, com exceção de analfabetos, mendigos [...] e religiosos sujeitos a voto de obediência; a separação entre Igreja e Estado, tendo sido garantida a liberdade de culto.

Porém, o direito à liberdade de culto não se estendia às religiões professadas pelos segmentos mais humildes da população, notadamente os de origem africana. [...]

*História do Brasil*, de Elza Nadai e Joana Neves. São Paulo: Saraiva, 1995. p. 266.

Angelo Agostini. Fac-símile: ID/BR

Litogravura de Angelo Agostini que representa a "Pátria" recebendo de Deodoro a Constituição de 1891.

# As disputas pelo poder

No dia seguinte à validação da Constituição, foram realizadas eleições para presidente e vice-presidente. Marechal Deodoro da Fonseca foi eleito presidente e marechal Floriano Peixoto — candidato do grupo adversário — foi eleito vice-presidente.

O governo de Deodoro foi marcado por forte conservadorismo, pela centralização do poder Executivo e pelos desentendimentos com o Congresso.

Diante das fortes tensões estabelecidas entre os poderes Executivo e Legislativo, Deodoro decidiu renunciar ao cargo. Em 23 de novembro de 1891, Floriano Peixoto assumiu a presidência do Brasil.

# As reações ao governo militar

No período do governo de Deodoro da Fonseca e Floriano Peixoto, de 1889 a 1894, ocorreram levantes civis e militares como reações à nova ordem republicana.

A Revolução Federalista, no Rio Grande do Sul, e a Revolta da Armada, no Rio de Janeiro, foram duramente combatidas por Floriano Peixoto, que ficou conhecido como "Marechal de Ferro".

Acervo Instituto Moreira Salles, São Paulo (SP)

Foto de forças do governo combatendo os revoltosos durante a Revolta da Armada, no Rio de Janeiro, em 1893.

# A República das oligarquias

Durante o início da República, a elite agrária do país, formada principalmente pelos barões do café de São Paulo e pelos pecuaristas de Minas Gerais, constituiu-se como base de apoio do governo.

No entanto, diferentemente da política dos militares, essas elites defendiam um governo liberal, a descentralização do poder político e mais autonomia econômica dos estados, de acordo com a Constituição de 1891.

Política e economicamente fortalecidas, as elites agrárias conseguiram eleger, em 1894, o primeiro presidente civil, Prudente de Morais, ex-presidente do estado de São Paulo, cargo equivalente ao de governador.

Seu governo foi marcado pela tentativa de estabilizar a economia e instaurar a ordem social e política do país, além de assegurar a autonomia dos estados.

Prudente de Morais.
Foto de 1894.

## A "política dos governadores"

Em 1898, Campos Sales, indicado pelo Partido Republicano Paulista, foi eleito presidente, marcando a ascensão dos grandes cafeicultores ao comando político do país e inaugurando o período histórico conhecido como "política dos governadores".

Esse arranjo político consistia em um acordo que garantia o apoio do governo federal aos governadores dos estados, dando-lhes mais autonomia e controle regional. Em contrapartida, os governadores se comprometiam em apoiar o presidente da República em suas decisões.

Para se manter no poder, os governadores faziam alianças com grandes proprietários rurais, também conhecidos como coronéis.

Foto de 1903 que retrata um coronel do interior do estado de São Paulo. Ele está em seu automóvel, acompanhado de um policial e de um padre.

Os coronéis controlavam a população de sua região de várias maneiras. Eles contratavam jagunços que perseguiam e usavam a força contra aqueles que não obedecessem suas ordens. Os coronéis também se aproveitavam do prestígio que possuíam com aqueles que dependiam de favores, principalmente pessoas humildes.

Além disso, os coronéis usavam o poder que tinham para controlar as eleições, garantindo que as pessoas votassem nos candidatos indicados por eles. Leia o texto.

[...] No plano local, a cena política era dominada pela figura do coronel, grande proprietário rural que quase sempre detinha uma patente militar. O resultado das eleições [...] dependia dos coronéis, pois esses **potentados** controlavam os eleitores e a eleição, dando o tom da vida social e política. Com seus bandos de jagunços ou capangas armados, garantiam a vitória das oligarquias estaduais nas eleições. [...]

*História do Brasil*: uma interpretação, de Adriana Lopez e Carlos Guilherme Mota. São Paulo: Senac, 2008. p. 592-593.

**potentados:** nesse caso, significa indivíduos com muito poder, aqueles que exercem influência sobre as outras pessoas

## A "política do café com leite"

Charge de Alfredo Storni sobre o governo, baseado na "política do café com leite", publicada na revista *Careta*, em 1926.

O personagem "Pequeno" indaga: "Há um lugarzinho para mim nesse time?", e os personagens "Graúdos" respondem: "Tem paciência, mas o time está completo com elementos de São Paulo e Minas..."

Uma das consequências da "política dos governadores" foi a predominância política dos representantes dos estados de São Paulo e Minas Gerais, que, por serem economicamente muito poderosos, dominavam o cenário político do país. Eles, inclusive, determinaram a ocupação dos cargos de presidência da República por mais de 30 anos.

Essa sucessão presidencial entre paulistas e mineiros ficou conhecida como "política do café com leite".

## Pratique e aprenda

1. A fonte **A** é um texto escrito pelo historiador José Murilo de Carvalho, que trata da participação da população civil no momento da proclamação da República no Brasil. A fonte **B** é uma gravura que representa uma interpretação desse momento. Leia o texto e observe atentamente a imagem. Em seguida, responda às questões.

**A** Em frase que se tornou famosa, Aristides Lobo, o propagandista da República, manifestou seu desapontamento com a maneira pela qual foi proclamado o novo regime. Segundo ele, o povo, que pelo ideário republicano deveria ter sido **protagonista** dos acontecimentos, assistira a tudo **bestializado**, sem compreender o que se passava, julgando ver talvez uma parada militar. [...]

*Os bestializados*: o Rio de Janeiro e a República que não foi, de José Murilo de Carvalho. São Paulo: Companhia das Letras, 2006. p. 9.

Proclamação da República do Brasil. Aclamação pública ao marechal Deodoro da Fonseca e ao ministro Quintino Bocaiuva, em 15 de novembro de 1889. Gravura de Rico, século 20.

**bestializado:** nesse caso, aquele que tem dificuldade de compreender
**protagonista:** indivíduo que possui papel de destaque, sujeito principal dos acontecimentos

**a.** De acordo com a fonte **A**, como foi a participação da população no momento da proclamação da República?

_____

_____

_____

**b.** Como a fonte **B** representa a população durante a proclamação da República?

_____

_____

**c.** Compare a ideia apresentada no texto e a apresentada na imagem e converse com os colegas sobre isso.

**2.** **Observe a charge a seguir e responda às questões.**

Charge de Storni do início do século 20.

**a.** Faça uma descrição da charge.

_____

_____

_____

_____

_____

_____

_____

_____

**b.** A qual política do Brasil ela faz referência? O que caracterizou essa política?

_____

_____

_____

# As reformas urbanas no Rio de Janeiro

No início do período republicano, a cidade do Rio de Janeiro era a capital política e o principal centro econômico do país. Apesar disso, a cidade apresentava sérios problemas urbanos, como moradias precárias, ruas estreitas e ausência de redes de água e de esgoto.

Durante o governo do presidente Rodrigues Alves, entre 1902 e 1906, uma série de reformas urbanas foi feita na capital. O objetivo dessas reformas era "modernizar" a cidade, deixando-a mais parecida com os grandes centros europeus. Para isso, grande parte da população pobre foi expulsa do centro da cidade, tendo suas casas demolidas para a construção de novos edifícios e avenidas.

Observe a charge a seguir, publicada em 1905.

inquilino: pessoa que mora em casa alugada

senhorio: proprietário da casa alugada

troços: nesse caso, são os pertences do inquilino

Charge publicada na revista *O Malho*, em 1905, que representa a população pobre sendo expulsa de suas casas.

Agora, leia um trecho do diálogo entre os dois personagens centrais da charge, o inquilino e o senhorio.

O inquilino: — Mas, então, eu pago-lhe o aluguel pontualmente e o senhor consente que me ponham os **troços** na rua?

O senhorio: — Meu amigo, tenha paciência: são cousas da Prefeitura! Trate de ver outra casa...

O que vai por ahi. Em: *O Malho*, 19 jun. 1905, p. 42. Disponível em: <www.casaruibarbosa.gov.br/omalho/revista.asp?rev=144&ano=1905>. Acesso em: 15 jan. 2018.

# A Revolta da Vacina

Lipskiy/Shutterstock.com/ID/BR

urfin/Shutterstock.com/ID/BR

Além das reformas urbanas, o presidente Rodrigues Alves realizou uma política de saneamento para erradicar várias doenças que atacavam a população, sobretudo das cidades portuárias de Santos e do Rio de Janeiro, capital do país.

Rodrigues Alves nomeou o médico sanitarista Oswaldo Cruz como diretor geral de Saúde Pública do país e o encarregou de realizar uma política de higienização, na tentativa de erradicar as principais doenças, como a febre amarela, a peste bubônica e a varíola.

Em 1904, Oswaldo Cruz tomou uma série de medidas higienistas que causaram espanto e incômodo à população do Rio de Janeiro, por exemplo, a criação de grupos para realizar vistorias nas moradias da cidade com o objetivo de identificar focos de doenças.

Contudo, a medida que gerou maior revolta popular foi a criação de uma lei que obrigava as pessoas a se vacinarem contra a varíola.

Acervo Iconographia/Reminiscências

Charge "O espeto obrigatório", de 1904, publicada na revista *A Avenida*, na época da Revolta da Vacina.

A população, que já estava sofrendo com as reformas urbanas e com os transtornos causados pelas vistorias, considerou essa medida invasiva. Além disso, as pessoas tinham receio de que a vacina fizesse mal à sua saúde.

Revoltados, centenas de civis, apoiados pelos militares da Escola Militar da Praia Vermelha, tomaram as ruas da capital, exigindo o fim da obrigatoriedade da vacinação. A população derrubou e incendiou bondes, depredou lojas, quebrou postes, montou barricadas com pedras e paus que estavam nas ruas.

Fotos: Hekla/Shutterstock.com/ID/BR

Após violentos conflitos, o governo conseguiu controlar a revolta, e suspendeu a obrigatoriedade da vacina.

higienização: medida para evitar doenças e conservar a saúde

## Pratique e aprenda

1. Observe as fotos a seguir, que retratam a Avenida Central, na cidade do Rio de Janeiro, durante e depois das reformas urbanas. Em seguida, responda às questões.

A

Avenida Central. Rio de Janeiro, por volta de 1900. Foto de Augusto Malta.

B

Avenida Central. Rio de Janeiro, 1906. Foto de Augusto Malta.

a. Faça uma descrição da imagem A.

_____

_____

_____

b. Faça uma descrição da imagem B.

_____

_____

_____

c. Compare as imagens A e B e aponte as principais transformações ocorridas na Avenida Central.

_____

_____

_____

**2.** Observe a charge a seguir e responda às questões.

Charge produzida por Leônidas Freire representando uma cena da Revolta da Vacina.
Revista *O Malho*, 1904.

**a.** Na charge, o personagem central é o médico sanitarista Oswaldo Cruz. Como ele foi representado? Marque um **X** na resposta correta.

○ Dentro de um automóvel.

○ Montado em um cavalo, comandando um grupo de pessoas também montadas em cavalos.

○ Montado em uma grande seringa, comandando um grupo de pessoas também montadas em seringas.

**b.** Que pessoas representam a população do Rio de Janeiro? Como elas foram representadas?

_____

_____

_____

_____

**c.** Por que as pessoas reagiram dessa maneira à vacinação obrigatória? Converse com os colegas.

# A crise do sistema oligárquico

No final da década de 1920, o sistema político controlado pela oligarquia brasileira começou a entrar em crise. Mesmo que as estruturas de poder oligárquicas resistissem em várias regiões do Brasil — onde coronéis, grandes agricultores e pecuaristas ainda controlavam a política —, havia insatisfação por parte daqueles que estavam excluídos do processo político.

Leia o texto.

[...] A crise do sistema oligárquico [...] ocupava o agitado quadro político e social da década de 1920. Este sistema resistia [...] a incorporar as demandas dos novos segmentos urbanos, revelando sua incapacidade em sincronizar-se com um país que começava a se industrializar e que mudava, com o crescimento das cidades, sua fisionomia predominantemente agrária. [...]

A base de sustentação política do eficiente arranjo oligárquico selado pelas elites brasileiras no final do século levava em conta a [...] presença do eleitorado rural, [...] submetido pela poderosa força dos 'coronéis' [...]. Excluídos como estavam do processo político, os setores médios da sociedade [contestavam o] predomínio das oligarquias exportadoras de café [...].

Arquivo Nacional – 150 anos, de Graça Salgado. Rio de Janeiro: Index, 1988. p. 109-110.

Com o crescimento da industrialização, os setores médios urbanos tiveram aumento no seu poder de compra. Além disso, passaram a exigir maior participação política. Foto da década de 1920, no município de São Paulo, que retrata pessoas da classe média visitando uma fábrica de automóveis.

Nesse contexto, as elites econômicas dos estados de São Paulo e Minas Gerais entraram em conflito, abalando a "política do café com leite", estabelecida desde a eleição do primeiro presidente civil.

Nas eleições de 1930, seguindo a tradição de revezamento entre os estados, deveria ser indicado um candidato mineiro para concorrer ao cargo de presidente da República, mas buscando dar continuidade à sua política, Washington Luís indicou o paulista Júlio Prestes, rompendo com seus aliados mineiros.

Prestes venceu as eleições. Porém, os políticos mineiros romperam com o Partido Republicano Paulista e se aliaram a gaúchos e paraibanos, formando a **Aliança Liberal**. Eles iniciaram um movimento para tomar o poder, pois acreditavam que a eleição do candidato paulista havia sido fraudada.

Em outubro de 1930, antes de Júlio Prestes assumir o cargo, tropas militares mineiras, gaúchas e paraibanas tomaram o poder em vários estados brasileiros, vencendo várias batalhas até chegarem à capital, Rio de Janeiro. O então presidente Washington Luís foi deposto e foi instituída uma **Junta Provisória** de governo, sob o comando do gaúcho Getúlio Vargas, pondo fim à "política do café com leite".

POR FIM, BAQUEOU!

Charge de Alfredo Storni que ironiza o presidente Washington Luís e o fim da República das oligarquias. *Revista Careta*, 1930.

# Getúlio Vargas assume a presidência

Logo que assumiu a presidência, Getúlio Vargas tomou uma série de medidas para centralizar o poder em suas mãos. Fechou o Congresso Nacional e reduziu a autonomia dos estados, nomeando pessoas de sua confiança para substituir vários governadores.

As medidas autoritárias de Vargas provocaram diversas crises. A mais grave delas foi a **Revolução Constitucionalista**, um movimento liderado pelo estado de São Paulo, que exigia a elaboração de uma nova Constituição.

O movimento foi derrotado pelo governo Vargas, mas uma Assembleia Constituinte foi convocada e uma nova Constituição foi aprovada em 1934.

Soldados paulistas durante a Revolução Constitucionalista em São Paulo, em 1932.

# O Estado Novo

No ano de 1937, por meio de um golpe político, Getúlio Vargas criou o Estado Novo. Esse regime, que permaneceu até 1945, foi marcado pelo controle do Estado sobre os diferentes setores da sociedade, pelo autoritarismo e pela centralização do poder, garantidos por outra Constituição, outorgada no mesmo dia do golpe, em 10 de novembro de 1937.

Vargas cancelou as eleições que ocorreriam em 1938 e permaneceu no poder. No ano seguinte, ele criou o **Departamento de Imprensa e Propaganda (DIP)**, órgão responsável pela fiscalização dos meios de comunicação. O DIP também tinha a função de exaltar a imagem do presidente por meio de programas de rádio e de cartilhas escolares.

Uma das metas políticas do Estado Novo era promover a industrialização no país. Nesse sentido, o governo de Vargas realizou algumas medidas:

- em 1941, para ampliar e impulsionar a indústria de base no Brasil, construiu, com financiamento dos Estados Unidos, a **Companhia Siderúrgica Nacional**, na cidade de Volta Redonda, no Rio de Janeiro;

- em 1943, buscando garantir o apoio popular ao seu governo, oficializou várias leis trabalhistas com a implantação da **Consolidação das Leis do Trabalho (CLT)**, que garantia direitos como férias remuneradas, jornada de trabalho diária de oito horas e descanso semanal remunerado.

Cartaz produzido pelo DIP, exaltando a imagem de Getúlio Vargas, década de 1940.

## Pratique e aprenda

**1.** Cite alguns motivos que ocasionaram a crise do sistema oligárquico do Brasil no fim da década de 1920.

_____

_____

_____

**2.** Observe o cartaz e responda às questões a seguir.

**a.** Qual elemento chama mais a sua atenção no cartaz?

_____

_____

**b.** Além da figura central apresentada no cartaz, quais os outros personagens aparecem?

○ Os políticos.

○ Os militares.

○ Os trabalhadores.

**c.** Quais aspectos do governo de Vargas são exaltados no texto do cartaz?

_____

_____

"AS LEIS SOCIAIS COM QUE O ATUAL GOVERNO, POR INICIATIVA PRÓPRIA, TEM PROCURADO AMPARAR AS CLASSES TRABALHADORAS, DEVEM CONSTITUIR MOTIVO DE ORGULHO PARA OS BRASILEIROS"

Acervo Iconographia/Reminiscências

**3.** Quais foram as principais características do governo de Getúlio Vargas durante o Estado Novo?

_____

_____

_____

# Vargas volta ao poder pelo voto

Em 1951, pouco mais de cinco anos após deixar o poder, Getúlio Vargas concorreu e venceu as eleições, voltando a governar o Brasil.

Em sua campanha, ele tinha prometido se empenhar em duas questões: promover a industrialização do país e garantir a ampliação das leis trabalhistas.

Para ampliar a industrialização, o presidente incentivou a criação de indústrias, muitas delas estatais, ou seja, pertencentes ao próprio governo. Getúlio criou, por exemplo, a Petrobras, responsável pela exploração de petróleo.

Porém, o modelo de industrialização brasileiro desagradava ao governo dos Estados Unidos, pois dificultava a entrada de suas indústrias no Brasil. Assim, os empréstimos estadunidenses, com os quais Vargas contava para promover a industrialização, diminuíram drasticamente, dificultando o desenvolvimento econômico brasileiro.

A classe trabalhadora, que teve seu poder de compra diminuído, passou a questionar o governo de Getúlio Vargas. Nesse contexto, os partidos de oposição ganharam força.

Em meio a essa crise, um dos principais críticos de Vargas, o jornalista e político Carlos Lacerda, sofreu uma tentativa de assassinato. As investigações apontavam a ligação de seguranças do presidente com o crime. Vargas foi pressionado a deixar o governo mais uma vez e o fez de maneira trágica. Na manhã de 24 de agosto de 1954, ele cometeu suicídio. Sua morte causou grande comoção popular.

Capa da edição do jornal *Última Hora* de 24/8/1954, que anuncia a morte de Getúlio Vargas.

# O populismo

O populismo foi um fenômeno que marcou o período entre 1945 e 1964 no Brasil. A maior participação popular na política desse período fez os políticos brasileiros buscarem novas maneiras de se relacionar com a população, desenvolvendo esse estilo de governo no país.

Uma das principais características dos governos populistas era a atenção dada às pressões vindas das camadas populares. Os governos tentavam atender algumas das reivindicações dessas camadas e, ao mesmo tempo, criar mecanismos para controlá-las.

Por exemplo, alguns presidentes usavam as leis trabalhistas para fazer propaganda de seu governo, dando a impressão de que essas leis não foram criadas por causa das lutas dos trabalhadores, como uma conquista deles, mas, como uma "bondade" dos governantes.

Foto que retrata Getúlio Vargas em São Paulo, em 1942. Ele aparece sorridente, conversando com crianças.

## Que curioso!

Atualmente, no Brasil, a participação feminina nos processos eleitorais é bastante representativa. Cerca de 50% dos eleitores do país são mulheres. Entretanto, as mulheres ainda ocupam uma pequena parcela dos cargos políticos. No Congresso Nacional, por exemplo, nas eleições de 2014, o total de cargos ocupados por mulheres foi de cerca de 11%. Nas eleições municipais de 2016, 641 mulheres foram eleitas prefeitas, representando menos de 12% do total de prefeitos eleitos no Brasil.

- No município em que você mora existem mulheres ocupando cargos políticos? Se sim, quais cargos elas ocupam?

# Os anos JK

No final de 1955, Juscelino Kubitschek, também conhecido como JK, foi eleito para o cargo de presidente da República. Entre suas propostas de governo estava um programa chamado **Plano de Metas**, também conhecido como "50 anos em 5", que tinha como objetivo acelerar o desenvolvimento econômico do país por meio do investimentos em setores como a produção de energia e a indústria automobilística. Leia o texto a seguir.

[...] O Plano atuava basicamente em cinco setores: energia, transportes, alimentação, indústrias de base e educação. Entretanto, foram os setores de energia, transportes e indústrias de base que receberam maior atenção dos planejadores.

Planejamento econômico e crise política, de Ricardo Silva. *Revista de Sociologia e Política*, Curitiba, ano 5, n. 14, p. 79, jun. 2000. Disponível em: <www.scielo.br/pdf/rsocp/n14/a05n14.pdf>. Acesso em: 6 jan. 2018.

## O projeto desenvolvimentista

O projeto desenvolvimentista de JK, ligado à modernização da nação, criou condições para que diversas empresas estrangeiras fossem instaladas no país, como é o caso da indústria automobilística.

Nesse período, a publicidade ganhou mais espaço nas páginas de revistas e jornais, com anúncios que veiculavam uma imagem de conforto e bem-estar por meio da aquisição de produtos como automóveis e eletrodomésticos.

Acervo Iconographia/Reminiscências

JK visitando uma fábrica de caminhões, em São Bernardo do Campo, São Paulo, em 1956.

# A construção de Brasília

Além de investir no projeto desenvolvimentista, JK iniciou a construção de uma nova capital federal na região central do Brasil. Construída em cerca de três anos, Brasília se tornou o símbolo do projeto desenvolvimentista.

Foto retratando operários, conhecidos como **candangos**, trabalhando na construção de Brasília, em 1959.

A cidade de Brasília foi construída de acordo com um planejamento urbano chamado **Plano Piloto**. Proposto pelo arquiteto Lucio Costa, o Plano Piloto tinha como objetivo dividir a cidade em setores, por exemplo, residencial, cultural, de escritórios e de bancos, de esportes, de diversões, militar, industrial, administrativo, de forma que um setor não se misturasse com o outro.

Outro arquiteto que teve grande participação no planejamento de Brasília foi Oscar Niemeyer, responsável pelos projetos dos principais edifícios da cidade, como o Congresso Nacional e o Palácio da Alvorada.

## Os candangos

Os operários que trabalharam na construção de Brasília ficaram conhecidos como candangos. A grande maioria dos candangos vinha da Região Nordeste. Eles migravam em busca de melhores condições de vida no trabalho de construção da nova capital.

O dia a dia de trabalho dos candangos era pesado. Eles se revezavam em turnos de oito horas sem parar, trabalhando inclusive de madrugada. Muitos candangos faziam ainda horas extras para aumentar o salário.

As jornadas de trabalho eram tão duras e cansativas que era comum a ocorrência de acidentes de trabalho e, à medida que chegavam mais trabalhadores, aumentavam também os problemas relacionados à moradia e ao atendimento médico para a população, por exemplo.

Em 1960, ano de conclusão das obras, havia em Brasília cerca de 80 mil candangos de diversas origens, em sua grande maioria pobres e sem condições de retornar à sua terra natal.

O monumento intitulado *Os candangos*, do escultor Bruno Giorgi, foi feito em 1957 em homenagem aos trabalhadores que construíam Brasília.

**a.** Como eram as condições de trabalho dos candangos na construção de Brasília?

**b.** Em sua opinião, as pessoas ainda migram em busca de trabalho e de melhores condições de vida na atualidade? Explique.

## Pratique e aprenda

**1.** Leia o texto e marque um **X** nas alternativas corretas.

[...]

Os milhares de operários que vieram de todas as partes do Brasil para construir Brasília foram obrigados a desocupar a cidade, pois nela não havia mais lugar para eles. [...] Essa enorme massa populacional, subitamente desempregada e desabrigada, foi removida para as cidades-satélites, dispostas na periferia do Plano Piloto, distantes pelo menos 14 km da área planejada.

[...]

*As cidades brasileiras no pós-guerra*, de Ana Cláudia Fonseca Brefe. São Paulo: Atual, 1995. p. 32 (A vida no tempo).

**a.** Como eram chamados os operários que construíram Brasília?

◯ Jagunços.　　◯ Candangos.　　◯ Cangaceiros.

**b.** O que aconteceu com esses operários após o término das obras?

◯ Receberam casas e benefícios do governo para sustentar suas famílias.

◯ Foram transferidos para outros empregos na cidade de Brasília.

◯ Ficaram desempregados e desabrigados, sendo removidos para a periferia.

## Aprenda mais!

No livro *Flor do Cerrado*: Brasília, a autora Ana Miranda conta a história de sua infância, que se mistura com a história da construção da capital do país, Brasília.

Ela narra como foi sua reação ao descobrir que iria se mudar de sua cidade natal para uma cidade que ainda não existia. Uma das pessoas que faria parte da construção dessa nova cidade era seu pai.

*Flor do Cerrado*: Brasília, de Ana Miranda.
São Paulo: Companhia das Letrinhas, 2004.

Silvia Massaro/Companhia das Letrinhas/
Arquivo da editora

# Os militares no poder

Entre os anos de 1964 e 1985, os presidentes do Brasil não foram escolhidos pela população por meio do voto. Durante esse período, o país foi comandado por um governo ditatorial.

Os regimes de governo ditatoriais possuem características diferentes em cada época e lugar. De maneira geral, apenas uma pessoa, ou um pequeno grupo, detém todo o poder e utiliza a força do Estado para se manter no governo. A população é constantemente vigiada e aqueles que se manifestam contra o governo são violentamente reprimidos.

No Brasil, na década de 1960, um governo ditatorial foi implantado pelos militares. A ditadura militar no Brasil foi marcada pela violência aos opositores do regime. Nesta foto, militares reprimem uma manifestação ocorrida no Rio de Janeiro, em 1968.

## Os antecedentes do golpe militar

O último presidente civil eleito antes do golpe militar foi Jânio Quadros, que assumiu o cargo no início de 1961. Ficando apenas sete meses no governo, ele renunciou à presidência do país em meio a uma grave crise econômica.

Durante seu governo, além de desagradar à classe trabalhadora, que teve seus salários congelados e créditos reduzidos, Jânio incomodou a elite política conservadora e também os militares. Por conta de sua política externa, que aproximou o Brasil de países socialistas, Jânio já não contava mais com o apoio nem dos próprios políticos de seu partido ao renunciar.

socialistas: seguidores de doutrina política e econômica que prega o fim da propriedade privada e das classes sociais

Após a renúncia de Jânio Quadros, quem assumiu o governo foi o vice-presidente João Goulart. Durante todo o seu mandato, Jango, como era conhecido, enfrentou também forte oposição dos grupos conservadores da sociedade, assim como dos militares.

Jango propôs transformações profundas na estrutura da sociedade brasileira por meio das chamadas **reformas de base**, que abrangiam os setores agrário, educacional, eleitoral, bancário, entre outros. Entre suas propostas, estavam a distribuição de terras aos trabalhadores do campo e a ampliação do direito de voto aos analfabetos.

Arquivo/O Globo

Presidente João Goulart anunciando as reformas de base em comício no Rio de Janeiro, em março de 1964.

As reformas propostas por João Goulart fizeram seu governo ser visto com muita desconfiança por setores conservadores da sociedade brasileira, que temiam pelo fim de seus privilégios. Grandes empresários e banqueiros se opuseram radicalmente ao presidente. Além disso, os militares acusaram Jango de tentar transformar o Brasil em um país socialista.

Dessa maneira, apoiados por setores da sociedade civil, os militares aplicaram um golpe de Estado que, em 1º de abril de 1964, depôs o presidente João Goulart. Começava, então, a **ditadura militar** no Brasil.

# A censura e a repressão

Observe as imagens a seguir.

**A**

Capa do jornal *O Estado de S. Paulo*, do dia 11 de maio de 1973.

**B**

Capa do jornal *O Estado de S. Paulo*, de 11 de maio de 1973.

Fotos: Arquivo/Estadão Conteúdo

• **Compare as duas imagens. Qual a principal diferença entre elas?**

As imagens acima são reproduções de um jornal publicado no Brasil durante a ditadura militar. Esse jornal passou pela censura do governo, tendo seu conteúdo modificado. A censura se caracteriza pelo controle ou impedimento de divulgação de uma determinada informação. No caso do Brasil, os principais alvos da censura eram os meios de comunicação e as diferentes manifestações artísticas.

A Lei de Imprensa, criada pelos militares em 1967, limitou a liberdade de expressão no país, censurando e proibindo a circulação e divulgação de ideias contrárias ao governo ditatorial. Jornais impressos e televisionados, programas de rádio, revistas, obras de arte, letras de música, peças de teatro, filmes e livros eram submetidos a análise e censura parcial ou total pelo governo ditatorial.

Outro aspecto que caracterizou o período da ditadura militar no Brasil foi a repressão violenta às pessoas que se opunham ao governo, consideradas subversivas.

Essas pessoas eram perseguidas e presas, muitas vezes sendo torturadas e assassinadas.

Militares reprimem uma manifestação estudantil na cidade de São Paulo, em 1977.

Nessa época também, vários opositores do governo foram exilados, entre eles artistas, políticos e intelectuais.

## Os Atos Institucionais

Muitas medidas autoritárias foram lançadas pelos militares durante a ditadura, por meio dos chamados Atos Institucionais. O mais conhecido Ato Institucional foi o AI-5, que estabelecia o fechamento do Congresso Nacional, das Assembleias Estaduais e das Câmaras de Vereadores, centralizando todo o poder político no presidente da República.

Além desse, foram decretados outros 16 Atos Institucionais que estabeleceram normas de maneira autoritária.

exilados: pessoas que foram expulsas do país
subversivas: nesse caso, pessoas ou ideias contrárias ao governo

## Pratique e aprenda

**1.** O que caracteriza um governo ditatorial?

_____

_____

_____

**2.** Leia o texto e responda às questões.

> [...] Sob essa ampla denominação de "reformas de base" estava reunido um conjunto de iniciativas: as reformas bancária, fiscal, urbana, administrativa, agrária e universitária. Sustentava-se ainda a necessidade de estender o direito de voto aos analfabetos e às patentes subalternas das forças armadas, como marinheiros e os sargentos, e defendia-se medidas nacionalistas prevendo uma **intervenção** mais ampla do Estado na vida econômica e um maior controle dos investimentos estrangeiros no país [...].
>
> O carro-chefe das reformas era, sem dúvida, a reforma agrária que visava eliminar os conflitos pela posse da terra e garantir o acesso à propriedade de milhões de trabalhadores rurais. [...]

As reformas de base, de Marieta de Moraes Ferreira. Disponível em: <http://cpdoc.fgv.br/producao/dossies/Jango/artigos/NaPresidenciaRepublica/As_reformas_de_base>. Acesso em: 15 jan. 2018.

**intervenção:** nesse caso, ação do governo federal nos estados do país

**a.** Explique o que foram as reformas de base.

_____

_____

**b.** Quais medidas nacionalistas eram defendidas pelas reformas de base?

_____

_____

# A resistência à ditadura

Mesmo com toda a censura e a repressão, houve muita resistência à ditadura. Pessoas de diferentes setores da sociedade lutaram contra a falta de liberdade imposta pelo governo.

Alguns trabalhadores e estudantes recorreram à **luta armada** como maneira de resistir à violência promovida durante o regime militar.

Grupos como o Movimento Revolucionário 8 de Outubro (MR8), por exemplo, atuaram promovendo sequestros de pessoas consideradas importantes em troca da libertação de presos políticos. Uma de suas principais ações foi o sequestro do embaixador norte-americano Charles Elbrick, em setembro de 1969. Em troca da libertação do embaixador, o MR8 exigiu que membros do grupo presos pelos militares fossem soltos.

Muitas **passeatas** e **manifestações** foram organizadas por membros do movimento estudantil e de sindicatos de trabalhadores, mobilizando milhares de pessoas contra a ditadura.

Passeata contra a ditadura que reuniu milhares de pessoas em São Paulo, em 1979.

Houve também grande mobilização de pessoas ligadas ao meio artístico, como atores, cartunistas, artistas plásticos, músicos e escritores, que promoveram uma **resistência cultural** contra os abusos do regime militar.

Nessa época, vários festivais de música foram realizados, nos quais compositores, músicos e cantores procuravam manifestar suas ideias.

O cantor e compositor Chico Buarque se apresentando durante o Festival da Música Popular Brasileira, realizado em São Paulo, em 1966.

Diversas peças de teatro e filmes foram produzidos com textos, imagens e cenas que criticavam o governo militar. Assim como outras manifestações culturais da época, atores e diretores conseguiam passar suas ideias de maneira disfarçada, para escapar da censura.

Muitos filmes e peças de teatro produzidos durante o regime militar tinham cenas que causavam grande impacto. O intuito era chamar a atenção do espectador às mensagens de crítica ao regime, que muitas vezes não podiam ser transmitidas de maneira clara e direta.

Encenação da peça *Roda Viva* pelo grupo Teatro Oficina, dirigido por José Celso Martinez, em 1968.

# Abertura "lenta, gradual e segura"

No final década de 1970, o governo militar estava enfraquecido. A população estava descontente, pois o país passava por uma grave crise econômica e havia uma grande pressão pelo fim da ditadura. O então presidente, general Ernesto Geisel, propôs uma transição para a democracia de forma "lenta, gradual e segura". A partir disso, a censura e a repressão passaram a ser um pouco mais moderadas.

[...] De um lado, os militares procuravam desmontar a máquina da repressão. De outro, cresciam os protestos estudantis.

A ditadura se abrandava: diminuía a censura à imprensa e eclodiam greves. Mas o governo ainda tinha força para levar outro general à presidência.

*Viagem pela História do Brasil*, de Jorge Caldeira e outros. São Paulo: Companhia das Letras, 1997. p. 334.

## A Lei da Anistia

Geisel tomou uma série de medidas, como o fim do AI-5 e mudanças no sistema eleitoral. Em 1979, ele foi substituído na presidência pelo general João Figueiredo, que continuou o processo de abertura.

Por exemplo, no mesmo ano, Figueiredo promulgou a Lei da Anistia, que permitiu que muitas pessoas que foram exiladas durante o regime militar voltassem para o Brasil e que os presos políticos fossem libertados.

Foto de 1979 que retrata uma manifestação pela anistia política, em São Paulo.

U. Dettmar/Folhapress

# O fim da ditadura militar

A pressão pela volta das eleições diretas para presidente da República aumentou no início da década de 1980. Um dos eventos mais marcantes desse período foi a campanha política chamada **Diretas Já**, que mobilizou milhões de brasileiros. Nas principais capitais do país, multidões saíram às ruas para exigir que os presidentes do Brasil fossem escolhidos por meio do voto direto.

Apesar da ampla mobilização popular, nas eleições de 1984 o presidente do país foi eleito de maneira indireta. Dessa forma, em janeiro de 1985, foi eleito o primeiro presidente civil após cerca de 20 anos de governo militar. Era o fim da ditadura militar no país.

Multidão exigindo a volta das eleições diretas para presidente da República, durante a campanha Diretas Já, na Praça da Sé, em São Paulo, em 1984.

Maurício Simonetti/Pulsar Imagens

**1.** O que é censura? Marque um **X** na alternativa correta.

○ Censura é o ato de incentivar a divulgação de informações.

○ Censura é o ato de impedir, proibir a circulação ou divulgação de determinada informação.

○ Censura é o ato de estimular a comunicação entre a população.

**2.** De que maneira a censura era exercida pelo governo durante a ditadura militar no Brasil?

_____

_____

**3.** Observe a charge ao lado, publicada durante o período da ditadura militar no Brasil. Depois, responda às questões.

Ziraldo/Acervo do artista

**a.** Descreva a charge.

_____

_____

_____

**b.** Qual aspecto da ditadura militar foi ressaltado na charge?

○ A ótima qualidade da comunicação exercida pelos funcionários do governo.

○ A charge ressalta a repressão da qual a população foi vítima durante o regime militar no Brasil.

○ O bom funcionamento dos serviços públicos.

Charge de Ziraldo, produzida em 1968.

# A Constituição de 1988

Uma das medidas tomadas pela presidência da República com o fim da ditadura foi o restabelecimento das eleições diretas. Além disso, em 1988 foi promulgada uma nova Constituição para o país.

A Constituição de 1988, que é a atual do Brasil, levou dois anos para ser escrita. O texto a seguir aborda o seu processo de elaboração.

[...] A participação popular foi muito importante no processo. Ela se deu por meio de emendas populares, ou seja, proposta dos próprios eleitores, aprovadas por muitas assinaturas — de sindicatos, associações de moradores, organizações religiosas, movimentos pelos direitos humanos etc. — e encaminhadas a políticos. A maioria das emendas tratava de temas relativos aos direitos das chamadas "minorias" sociais (idosos, crianças, mulheres, negros, indígenas, presidiários e outros).

Como produto de um processo de redemocratização, pelo qual o Brasil estava passando, a Constituição de 1988 procurou refletir a maior vontade da população brasileira, que era de restituir o **Estado de Direito** democrático, garantindo ao cidadão o exercício de seus direitos fundamentais. [...]

*Como exercer a sua cidadania*, de Ana Cristina Pessini (Ed.). São Paulo: Beï Comunicação, 2003. p. 213.

**Estado de Direito:** estado em que as leis são aprovadas pela maioria, devendo ser iguais para todos

Para estimular a participação do povo na elaboração da Constituição, foi organizado o Plenário Pró-Participação Popular na Constituinte, cujo lema era "Constituinte sem povo não cria nada de novo".

A Constituição de 1988 garantiu diversos direitos fundamentais aos brasileiros, ficando conhecida como "Constituição Cidadã". Ela restituiu direitos que haviam sido anulados durante a ditadura, como a legalização dos partidos políticos, as eleições diretas e a liberdade nos meios de comunicação, com o fim da censura. Além disso, instituiu novas leis para o país. Veja alguns exemplos.

- Garantiu o direito de voto aos analfabetos.
- Assegurou o direito às terras tradicionais aos povos indígenas.
- Instituiu leis de proteção ao meio ambiente.
- Tornou a prática de racismo um crime grave e inafiançável.

## Para fazer juntos!

Leia a seguir o artigo 3º da Constituição de 1988. Depois, com um colega de sala, analise os pontos apresentados neste artigo. Registrem as respostas no caderno.

Art. 3º Constituem objetivos fundamentais da República Federativa do Brasil:

I - construir uma sociedade livre, justa e solidária;

II - garantir o desenvolvimento nacional;

III - erradicar a pobreza e a marginalização e reduzir as desigualdades sociais e regionais;

IV - promover o bem de todos, sem preconceitos de origem, raça, sexo, cor, idade e quaisquer outras formas de discriminação.

Brasil. *Constituição Federal de 1988*. Disponível em: <www.planalto.gov.br/ccivil_03/constituicao/constituicao.htm>. Acesso em: 15 jan. 2018.

1. De acordo com o artigo, por que essa Constituição foi importante?

2. Em sua opinião, todos esses objetivos foram atingidos? Por quê?

3. Em sua opinião, o que cada um de nós pode fazer para que esses objetivos sejam alcançados plenamente?

# O retorno das eleições diretas

Em 1989 foi eleito o primeiro presidente civil por meio do voto direto após o regime militar, Fernando Collor de Mello, que, em sua campanha, prometeu combater a corrupção e acabar com a inflação no país.

Entretanto, as medidas tomadas no início de seu governo provocaram descontentamento na população. Por meio do Plano Collor, a poupança de milhões de brasileiros foi confiscada. Mesmo assim o problema da inflação não foi resolvido. Além disso, o governo passou a sofrer graves denúncias de corrupção.

Assim, multidões de pessoas saíram às ruas para protestar. As manifestações contribuíram para que se iniciasse um processo de *impeachment* do presidente. Antes de ser julgado, Collor renunciou ao cargo, mas mesmo assim ele foi afastado do poder, tendo seus direitos políticos suspensos por oito anos.

Ari Vicentini/Estadão Conteúdo

Foto que retrata uma multidão durante uma manifestação pelo *impeachment* do presidente Collor, em São Paulo, no ano de 1992.

*impeachment*: palavra de origem inglesa que significa impedimento

Após a renúncia de Fernando Collor, quem assumiu a presidência foi seu vice, Itamar Franco, que governou até 1994.

Durante seu governo, para tentar diminuir a inflação, realizou reformas econômicas, implantando o Plano Real. Nessa época foi instituída a moeda ainda hoje usada no Brasil, o **real**.

Banco Central. Fotografia: Sérgio Dotta Jr./ID/BR

Cédula de real, em 1994.

O sucessor de Itamar Franco, Fernando Henrique Cardoso, foi eleito em 1994 e reeleito em 1998. Durante seu governo, ele facilitou a instalação de **multinacionais** estrangeiras no país e realizou privatizações de empresas estatais, entre elas a Companhia Vale do Rio Doce. Com isso, o governo passou a sofrer críticas, acusado de se beneficiar com as privatizações.

A Companhia Vale do Rio Doce é a maior produtora de ferro do mundo. Ela foi privatizada em 1997, durante o governo de Fernando Henrique Cardoso. Ao lado, foto tirada em 1997, que retrata uma manifestação na cidade do Rio de Janeiro, contra a privatização da Companhia Vale do Rio Doce.

Otávio Magalhães/Estadão Conteúdo

**multinacionais:** empresas de grande porte instaladas em determinado país e que têm filiais em outros países

Em relação às questões sociais, o governo de Fernando Henrique tomou medidas para aumentar o número de crianças frequentando a escola e reduzir os índices de analfabetismo.

Com o término de seu governo, quem assumiu a presidência da República do Brasil foi Luiz Inácio Lula da Silva, eleito em 2002 e reeleito em 2006. Lula foi um dos fundadores do Partido dos Trabalhadores, o PT. Em seus dois mandatos, buscou manter um governo mais voltado para as questões sociais, tendo entre as principais propostas o combate à pobreza e às desigualdades sociais. No campo político, o governo Lula sofreu acusações de corrupção e desvio de dinheiro público.

Luciana Whitaker/Pulsar Imagens

Quem sucedeu a Lula na presidência do país foi Dilma Rousseff, em janeiro de 2011. Pela primeira vez na história do país, uma mulher foi eleita para o cargo de presidente. Ela foi reeleita, mas, em seu segundo mandato, Dilma passou a sofrer queda de popularidade e falta de apoio em seu governo. Em 2016, após a abertura de um processo de *impeachment*, ela foi destituída do cargo, mas não perdeu seus direitos políticos. O seu vice, Michel Temer, assumiu a presidência do Brasil.

Pessoa votando em urna eletrônica durante as eleições para presidente realizadas em 2014, no Rio de Janeiro.

# O Brasil atual e os desafios para o futuro

Após o fim da ditadura, os brasileiros obtiveram conquistas econômicas e sociais e também em relação à cidadania e aos direitos civis. Porém, ainda há muito a ser conquistado.

Apesar do crescimento econômico e da diminuição do número de pessoas em situação de miséria, a desigualdade social ainda é profunda no Brasil, acarretando muitos problemas sociais, como a má distribuição de riqueza e a dificuldade de acesso à educação pela população mais pobre. Veja outros problemas sociais brasileiros.

O desemprego um é problema que atinge muitas pessoas no Brasil. Esse problema impede grande parte da população de ter acesso a elementos básicos como alimentação, moradia e lazer.

Atualmente, uma das principais maneiras de se combater o desemprego é investir em melhorias educacionais, em escolas públicas de qualidade e na possibilidade de atualização profissional, visando garantir o retorno de um número maior de desempregados ao mercado de trabalho.

A desigualdade social é um grave problema na atualidade. Esta foto, tirada em 2015, no município do Rio de Janeiro, é um exemplo: enquanto pessoas habitam apartamentos luxuosos, outras vivem em moradias precárias.

Gabriel Vergani/Alamy/Fotoarena

O **trabalho infantil** ainda é um problema presente na realidade brasileira. Muitas crianças são obrigadas a trabalhar — geralmente em serviços agrícolas ou domésticos — para complementar a renda familiar, recebendo baixa remuneração e muitas vezes realizando atividades sem proteção e em ambientes insalubres.

Ao trabalhar, as crianças deixam de ter acesso pleno à educação, a um desenvolvimento saudável e ao lazer.

Outro problema grave que o país enfrenta é a **agressão ao meio ambiente**. Nas cidades, a poluição do ar é uma das piores formas de agressão. No município de São Paulo, por exemplo, circulam pelas ruas cerca de 8 milhões de veículos, expelindo grande quantidade de poluentes que prejudicam a qualidade de vida das pessoas e geram grandes congestionamentos.

No campo, a expansão da agropecuária e o desmatamento acarretam diversos problemas que prejudicam a vida de plantas, animais e das pessoas.

Foto do rio Jacareí, no município de Piracaia, São Paulo, em 2014. Nos últimos anos, o volume de água do rio teve uma drástica redução.

Nelson Almeida/AFP

# Movimentos sociais

Iniciativas do governo são fundamentais para combater os problemas sociais do país, mas, além da ação do governo, é necessária, também, a participação da população para atenuar esses problemas.

Um exemplo são os movimentos sociais, como as associações de moradores, os sindicatos e as Organizações Não Governamentais (ONGs) que contribuem para a promoção de transformações políticas e sociais. Por meio de suas ações, a sociedade civil pode participar do processo histórico e interferir em sua realidade, contribuindo para que ocorram melhorias, garantindo um futuro melhor para todos.

# Pratique e aprenda

**1.** As frases a seguir apresentam as principais características de diferentes regimes políticos da história do Brasil.

🔴 Pinte de vermelho os quadros relacionados às características de um regime ditatorial.

🔵 Pinte de azul os quadros relacionados às características de um regime democrático.

☐ Repressão a greves e manifestações contra o governo.

☐ Censura nos meios de comunicação e em produções artísticas como músicas e peças de teatro.

☐ Liberdade de se expressar e de se manifestar abertamente.

☐ Direito à escolha de seus governantes por meio do voto nas eleições.

☐ Liberdade de organização e atuação em diferentes partidos políticos.

☐ Voto indireto, em que a escolha do governante é feita pelos próprios políticos no poder, e não pelo povo.

☐ Perseguição e exílio às pessoas consideradas "subversivas".

**2.** A *Declaração Universal dos Direitos do Homem* é um documento criado pela ONU (Organização das Nações Unidas) em 1948 e reflete a busca por um consenso de valores básicos para toda a humanidade.

Observe a tirinha de Alexandre Beck, baseada no artigo 1º desse documento. Depois, responda às questões.

Armandinho Quatro, de Alexandre Beck. Florianópolis: A. C. Beck, 2015. p. 34.

**a.** O que o personagem principal, chamado Armandinho, está fazendo no terceiro quadrinho?

_____

_____

**b.** Você concorda com o artigo da Declaração? Por quê?

_____

_____

_____

**c.** Cite outras atitudes do seu cotidiano que podem transmitir a ideia apresentada na tirinha.

_____

_____

_____

_____

_____

**d.** Em sua opinião, os direitos defendidos pela *Declaração Universal dos Direitos do Homem* são cumpridos plenamente em todos os países? Justifique sua resposta.

_____

_____

_____

_____

## Aprenda mais!

No livro *Uma conversa de muita gente*: a participação na comunidade, você vai conhecer mais a respeito da importância da cidadania e sobre como o diálogo com as pessoas é essencial para a vida em comunidade.

FTD/Arquivo da editora

*Uma conversa de muita gente*: a participação na comunidade, de Edson Gabriel Garcia. São Paulo: FTD, 2014.

## Ponto de chegada

**1.** Escreva um pequeno texto utilizando os conceitos a seguir:

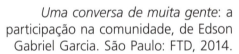

cidadania ▪ direitos e deveres ▪ reivindicação
luta ▪ mudança ▪ participação

**2.** Como era a situação dos ex-escravizados após o fim da escravidão no Brasil? Podemos dizer que eles passaram a ser considerados cidadãos?

**3.** Cite alguns exemplos de direitos que foram garantidos aos cidadãos após a proclamação da República, na Constituição de 1891.

**4.** Qual foi a importância da Constituição de 1988 para a história da cidadania no Brasil?

# Bibliografia

BOSCHI, Caio César. *Por que estudar História?* São Paulo: Ática, 2007.

CARVALHO, José Murilo de (Coord.). *A construção nacional*: 1830-1889. Rio de Janeiro: Objetiva/ Fundación Mapfre, 2012. v. 2. (História do Brasil nação: 1808-2010).

CHIAVENATO, Júlio José. *As lutas do povo brasileiro*: do "descobrimento" a Canudos. São Paulo: Moderna, 1988. (Polêmica).

COSTA, Emília Viotti da. *Da monarquia à república*: momentos decisivos. 9. ed. São Paulo: Ed. Unesp, 2010.

D'AMORIM, Eduardo. *África e Brasil*. São Paulo: FTD, 2015.

DEL PRIORE, Mary (Org.); BASSANEZI, Carla (Coord.). *História das mulheres no Brasil*. 9. ed. São Paulo: Contexto, 2007.

DEL PRIORE, Mary; VENÂNCIO, Renato Pinto. *Uma história da vida rural no Brasil*. Rio de Janeiro: Ediouro, 2006.

FAUSTO, Boris. *História do Brasil*. São Paulo: Edusp, 1995.

FAVRE, Henri. *A civilização inca*. Tradução de Maria Júlia Goldwasser. Rio de Janeiro: Zahar, 2004 (As civilizações pré-colombianas).

FICO, Carlos. *Além do golpe*: a tomada do poder em 31 de março de 1964 e a ditadura militar. 2. ed. Rio de Janeiro: Record, 2012.

GENDROP, Paul. *A civilização maia*. Tradução de Maria Júlia Goldwasser. Rio de Janeiro: Zahar, 2005 (As civilizações pré-colombianas).

GOMES, Marcos Emílio (Coord.). *A Constituição de 1988, 25 anos*: a construção da democracia e liberdade de expressão: o Brasil antes, durante e depois da constituinte. São Paulo: Instituto Vladimir Herzog, 2013.

LOPEZ, Adriana; MOTA, Carlos Guilherme. *História do Brasil*: uma interpretação. São Paulo: Senac, 2008.

MUNANGA, Kabengele. *Origens africanas do Brasil contemporâneo*: histórias, línguas, culturas e civilizações. São Paulo: Global, 2009.

OLIVEIRA, Lucia Lippi. *O Brasil dos imigrantes*. Rio de Janeiro: Jorge Zahar Ed., 2001.

PINSKY, Jaime; PINSKY, Carla Bessanezi (Orgs.). *História da Cidadania*. São Paulo: Contexto, 2003.

PREZIA, Benedito; HOORNAERT, Eduardo. *Brasil indígena*: 500 anos de resistência. São Paulo: FTD, 2000.

REIS, João José; GOMES, Flávio dos Santos (Orgs.). *Liberdade por um fio*: história dos quilombos no Brasil. São Paulo: Companhia das Letras, 2011.

RICARDO, Beto; RICARDO, Fany (Eds.). *Povos indígenas no Brasil*: 2011-2016. São Paulo: Instituto Socioambiental, 2017.

SANTOS, Joel Rufino dos. *Na rota dos tubarões*: o tráfico negreiro e outras viagens. Rio de Janeiro: Pallas, 2008.

SCHUMAHER, Schuma; BRAZIL, Vital. *Mulheres negras do Brasil*. Edição condensada. Rio de Janeiro: Senac Nacional, 2013.

SCHWARCZ, Lilia Moritz. *A abertura para o mundo*: 1889-1930. Rio de Janeiro: Objetiva/Fundación Mapfre, 2012. v. 3. (História do Brasil nação: 1808-2010).

_____. *D. Pedro II e seu reino tropical*. São Paulo: Claro Enigma, 2009.

SILVA, Alberto Costa e. *Um rio chamado Atlântico*: a África no Brasil e o Brasil na África. Rio de Janeiro: Nova Fronteira/Ed. UFRJ, 2003.

SILVA, Alberto da Costa e (Coord.). *Crise colonial e independência*: 1808-1830. Rio de Janeiro: Objetiva/Fundación Mapfre, 2011. v. 1. (História do Brasil nação: 1808-2010).

SOUSTELLE, Jacques. *A civilização asteca*. Tradução de Maria Júlia Goldwasser. Rio de Janeiro: Zahar, 2002 (As civilizações pré-colombianas).

SOUZA, Marina de Mello e. *África e Brasil africano*. São Paulo: Ática, 2006.

TOLEDO, Vera Vilhena de; GANCHO, Cândida Vilares. *O Brasil põe a mesa*: nossa tradição alimentar. São Paulo: Moderna, 2009.

VAINFAS, Ronaldo (Org.). *Dicionário do Brasil colonial*. Rio de Janeiro: Objetiva, 2000.

_____. *Dicionário do Brasil imperial*. Rio de Janeiro: Objetiva, 2002.